外卖运营实战
从入门到精通

李圆 ◎ 编著

清华大学出版社
北京

内 容 简 介

本书包括12个专题内容、180多种实用技巧、350多张图片、100多个图解以及30多个典型案例，详细介绍了外卖运营的行业概况、定位准备、平台运营、菜品爆款、主食爆品、小吃爆品、饮品市场、新店外卖、老店外卖、线上线下引流、体验与评价和配送服务等内容，用"技巧提炼+实操攻略+经典案例"的写法呈现每个知识点，使读者快速掌握外卖运营技巧，各个击破，步步为营，以审慎的态度、最精准的打法、最大化的成功率实现盈利！

本书语言简洁、逻辑清晰、图文并茂，适合想上线外卖业务的餐饮商家、遇到外卖问题的餐饮商家和想提升外卖业绩的餐饮商家，以及对外卖模式的应用和发展感兴趣的人士阅读，同时还可以作为餐饮O2O电商类课程的教材或辅导用书。

本书封面贴有清华大学出版社防伪标签，无标签者不得销售。

版权所有，侵权必究。举报：010-62782989，beiqinquan@tup.tsinghua.edu.cn。

图书在版编目(CIP)数据

外卖运营实战从入门到精通/李圆编著. —北京：清华大学出版社，2019（2022.1重印）
ISBN 978-7-302-52515-8

Ⅰ.①外… Ⅱ.①李… Ⅲ.①饮食业—经营管理 Ⅳ.①F719.3

中国版本图书馆CIP数据核字(2019)第043736号

责任编辑：杨作梅
封面设计：杨玉兰
责任校对：周剑云
责任印制：沈　露

出版发行：清华大学出版社
网　　　址：http://www.tup.com.cn, http://www.wqbook.com
地　　　址：北京清华大学学研大厦A座　　　邮　　编：100084
社 总 机：010-62770175　　　邮　　购：010-62786544
投稿与读者服务：010-62776969, c-service@tup.tsinghua.edu.cn
质量反馈：010-62772015, zhiliang@tup.tsinghua.edu.cn

印 装 者：北京嘉实印刷有限公司
经　　销：全国新华书店
开　　本：170mm×240mm　　　印　　张：17.75　　　字　　数：283千字
版　　次：2019年7月第1版　　　印　　次：2022年1月第4次印刷
定　　价：69.80元

产品编号：081236-01

前言

在人们的生活中，永远都不会缺少美食的话题；而在近几年的餐饮行业中，外卖也成了热门话题。外卖，作为一种生活常态，已经逐渐融入各年龄段、处于各个社会场景的人群的生活中。在这一现状背后，是越来越多的个人、商家和企业开始展开外卖业务。

然而在外卖市场竞争如此激烈的情况下，相应地，商家在外卖运营中也遇到了诸多难题：

- 上线外卖店铺之初，感觉很茫然，到底应该从何处着手？
- 外卖店铺应该如何装修和美化，才能获得最佳视觉效果？
- 外卖店铺应该如何合理安排菜单，选择哪些合适的品类？
- 外卖店铺应该如何为菜品定价，需要搭配何种优惠活动？
- 老店新店如何让店铺的曝光量大增，如何优化排名？
- 外卖店铺折扣力度已经很大，为何选择下单的消费者却很少？
- 外卖店铺看起来订单量大，然而越热闹越赔钱，怎么办？
- 商家在菜品和服务上投入很多，为何消费者差评仍然不少？
- 拥有同样的产品和装修，为何自己的加盟店销量总是垫底？
- 企业拥有的门店越来越多，总部压力也随之大增，咋办？

面对上述难题，餐饮商家到底该如何做才能成功突围，实现盈利呢？基于此，笔者专门策划和编写了本书，以帮助有需要的读者轻松玩转外卖运营。本书内容分为12章，行文逻辑是：首先让读者了解外卖行业的大致情况，从宏观上把握市场大势；然后针对如何运营外卖店铺进行讲解。具体来说，本书的主要内容如下。

第1章 了解行业概况：助你找到新风口和商机

第2章 做好定位准备，打造出吸睛的外卖菜单

第3章 平台正确运营：制定策略成就外卖创业

第4章 菜品爆款玩法：为店铺备好吸睛的招牌

第5章 主食爆品玩法：打造竞争强的刚需产品

第6章 小吃爆品玩法：发展有特色的连锁品牌

第7章 饮品市场崛起：趁机发力有望成新宠

第8章 新店外卖玩法：提升排名迅速站稳脚跟

第9章 老店外卖玩法：让企业焕发行业新生机

第 10 章 线上线下引流：让更多消费者进店下单

第 11 章 提升体验和评价：才能赢得持续消费

第 12 章 优化配送服务：4 个方面实现多方共赢

本书专为外卖行业的新手、遇到经营瓶颈的老商家量身定制，提供最系统、最全面的外卖运营技巧。本书适合以下读者阅读。

(1) 想上线外卖业务的餐饮商家；

(2) 遇到外卖问题的餐饮商家；

(3) 想提升外卖业绩的餐饮商家；

(4) 对外卖模式的应用和发展感兴趣的人士；

(5) 作为餐饮 O2O 电商类课程的教材或学习辅导用书，供相关人士阅读。

本书最大的特色亮点如下。

【逻辑清晰】：笔者是以从事外卖运营的商家的角度来撰写此书的，因此，在内容的安排上也是循序渐进的——除了第 1 章，其他都是从如何让外卖店铺落地和执行以及店铺优化出发来进行介绍的。读完此书，相信广大读者对如何拓展外卖业务会有一个比较清楚的认识。

【重点突出】：在外卖市场竞争激烈的情况下，打造一个有特色的店铺才是制胜的关键。基于此，本书着重对如何打造爆品进行详细介绍，内容涉及菜品、主食、小吃和饮品四大方面。在有着诸多品类选择的情况下，任何一家外卖店铺都能找到适合它们打造的爆品。

【实用攻略】：12 个专题，180 多种实用技巧，350 多张图片，100 多个图解以及 30 多个典型案例，并对内容进行多次打磨和优化，力图全方位、全场景、手把手教读者学会外卖开店运营的实操流程，从而最终实现在更大范围内收割人气、提高外卖店铺的订单量、增加盈利额的目标。

本书同时博采其他同类书籍的特色之处，通过这种系统而翔实的讲解，希望能为读者解决外卖运营过程中遇到的难题，让读者从零基础创业到全面精通也可以很轻松和顺畅。

本书由李圆编著，参与编写的人员还有周玉姣、柏松、谭贤、谭俊杰、徐茜、刘嫔、苏高、谭中阳、杨端阳、柏承能、刘桂花、刘胜璋、刘向东、刘松昇等，在此表示感谢。由于作者知识水平有限，书中难免有错误和疏漏之处，恳请广大读者批评、指正。

编　者

目录

第1章　了解行业概况：助你找到新风口和商机 1

1.1　新趋势：看懂了再入场才是运营的正途 2
  1.1.1　主流趋势：线上线下要实现完美融合 2
  1.1.2　贡献率：外卖成为拉动消费的新动能 3
  1.1.3　外卖规模：越来越多的品类开始进入 4
  1.1.4　运营捷径：连锁化、精细化必不可少 5
  1.1.5　突破点：同质化下的小而精单品崛起 6
  1.1.6　阵地转移：外卖市场下沉向三四线城市 8
  1.1.7　品类竞争：品牌集中化和两极分化并行 9
  1.1.8　外卖逐渐变成两个平台的争霸 11

1.2　新零售：带来更高效的管理和运营模式 11
  1.2.1　火爆业态：快闪店、网红店层出不穷 12
  1.2.2　跨界营销：借力爆款IP来提升影响力 14
  1.2.3　品牌联合：让品牌的宣传效果最大化 15

1.3　新机遇：抓住了才能让运营事半功倍 16
  1.3.1　模式创新："新餐饮"增加运营成功的可能性 16
  1.3.2　平台扩展：庞大用户量的微信在线订餐平台 18
  1.3.3　市场刚需：解决营养配餐"老人外卖"难题 20
  1.3.4　发展新方向：跨界混搭、多业态融合可借鉴 21
  1.3.5　品牌孵化器：商圈平台为餐饮经营降本增效 22

1.4　新挑战：清楚认识做好勇敢面对的准备 24
  1.4.1　纯外卖品牌：提高订单量成为商家发展瓶颈 24
  1.4.2　平台扶持：缩减红包和补贴，纠结如何下单 25
  1.4.3　食品安全：外界控管严格，信任问题难保障 27

第 2 章 做好定位准备，打造出吸睛的外卖菜单 29

2.1 把握外卖市场，进行差别化营销 30
2.1.1 校园外卖市场：提供优惠、信赖的食品 30
2.1.2 白领商务市场：增强产品品质和配送时效 30
2.1.3 家庭社区市场：提供更好的家庭就餐体验 32

2.2 做好用户定位，满足消费者需求 33
2.2.1 消费者画像：让消费者行为可视化 33
2.2.2 画像分析：让消费者更加立体化 34
2.2.3 制定策略：基于画像打造个性化服务 36

2.3 做好品类定位，为营销增添胜算 38
2.3.1 解读外卖数据：城市数据＋品类数据 38
2.3.2 找准核心用户：提供更满意的菜品 42
2.3.3 做好菜品分析：市场需求＋市场空缺 44

2.4 进行自我分析，做好内部运营准备 47
2.4.1 有能力做哪些菜品 47
2.4.2 什么菜品适合外卖 49
2.4.3 学习研发新的菜品 50

第 3 章 平台正确运营：制定策略成就外卖创业 51

3.1 平台入驻：轻松开一家外卖店铺 52
3.1.1 4 个外卖平台：展开合作，实现预期营销目标 52
3.1.2 平台入驻流程：5 个流程快速加入外卖平台 54
3.1.3 平台入驻准备：心理准备和资金准备是必需 55
3.1.4 两种入驻方式：PC 端入驻＋移动端入驻 56

3.2 店铺装修：帮助新店快速获取流量 58
3.2.1 设置店名：要综合多方面来考虑 58
3.2.2 设置招牌：要新颖和易于传播 60
3.2.3 设置 LOGO：提高对品牌的认知度 61
3.2.4 设置海报：宣传信息定要一眼看到 62

3.3 菜品菜单：设计得好才能吸引消费者 63
3.3.1 菜单分类：数量要限制在一定范围内 63

3.3.2　分类名称：注意限制字数才利于记忆 64
　　　3.3.3　菜单加分项：要设置展示与互动入口 66
　　　3.3.4　菜品排序：要求分清主次、重点突出 67
　　　3.3.5　菜品名称：3个条件打造吸睛菜品名称 69
　　　3.3.6　菜品描述：用心才能吸引消费者下单 69
　　　3.3.7　菜品规格：多种规格便于消费者选择 70
　　　3.3.8　菜品图片：色香味俱全带来视觉冲击 71
　　　3.3.9　文化宣传：做到位，引发消费者的好奇心 72
　　　3.3.10　菜品设计：6种方法体现菜品价值 73
　3.4　店铺管理：实现店铺更好、更快创收 73
　　　3.4.1　菜品上传：登录"开店宝"完成操作 73
　　　3.4.2　订单管理：将相关板块放在显眼位置 74
　　　3.4.3　出餐管理：3个方面打造高出餐率 75
　　　3.4.4　成本管理：两大方向进行餐品成本控制 77
　　　3.4.5　刷单管理：保持公平公正的外卖竞争环境 79
　　　3.4.6　餐损赔付：符合条件，两大端可获赔付 80
　　　3.4.7　价格虚高：了解标准避免被判价格虚高 81

第4章　菜品爆款玩法：为店铺备好吸睛的招牌 83

　4.1　三步法：步骤简单有效，快速打造爆品 84
　4.2　10种技巧：针对用户群体，营造爆破点 84
　　　4.2.1　提高性价比，让消费者觉得菜品物有所值 85
　　　4.2.2　打造个性化品牌，让用户首先就能想到你 86
　　　4.2.3　打造招牌菜品和IP，轻松让菜品"自爆" 87
　　　4.2.4　进行菜品迭代，用新菜品寻求新的可能 88
　　　4.2.5　正视失败，探寻新思路才能离成功更近 89
　　　4.2.6　两种创新方向，为外卖店铺提供动力 91
　　　4.2.7　两大方面进行突破，开拓营销新局面 92
　　　4.2.8　通过技术创新，为打造爆品创造契机 93
　　　4.2.9　展示亮点和特色，提供满意的消费体验 94
　　　4.2.10　综合价格和品质，菜品才能卖得火 96
　4.3　7个案例：众多品牌实践，见证爆品奇迹 96

4.3.1	池户水产：推出"招牌海鲜饭"让业绩稳步提升	97
4.3.2	蒸小皖：打造健康、美味兼得的"家乡小笼酱肉"	97
4.3.3	馐馐邻家外送小火锅：开创一次性火锅品牌	98
4.3.4	麻辣诱惑：四轮开发创建"麻辣小龙虾"品牌	99
4.3.5	kao铺烤肉饭：多管齐下打造"烤肉饭"套餐	100
4.3.6	大饭工作室：推出丹麦卤猪蹄筑有温度的美食	101
4.3.7	田老师红烧肉：有"妈妈的味道"双拼套餐	102

第5章 主食爆品玩法：打造竞争强的刚需产品 ... 103

5.1 "米饭好吃"：打造高性价比的好评爆品 ... 104
- 5.1.1 主打米饭：3个理由剖析米饭外卖市场 ... 105
- 5.1.2 差异化烹饪：选择让米饭更美味的方式 ... 106
- 5.1.3 创意产品：积极研发推出新款米饭料理 ... 107
- 5.1.4 做"供应商"：实现主食外卖的品牌延伸 ... 107
- 5.1.5 案例1：禾珍珠小锅米饭——3方面提升米饭品质 ... 108
- 5.1.6 案例2：爱吃便当——通过优选食材打造爆款主食 ... 109
- 5.1.7 案例3：谷田稻香——以瓦锅饭来实现差异制胜 ... 110

5.2 "面条不坨"：解决外卖痛点实现突围 ... 111
- 5.2.1 痛点1：外卖面条坨了，影响好评 ... 111
- 5.2.2 痛点2：产品制作无标准，产能低 ... 112
- 5.2.3 汤底要清透鲜美，面条要保证筋道 ... 112
- 5.2.4 配送过程最好保持恒温，保证口感 ... 113
- 5.2.5 案例1：拌调子热干面——品牌强竞争力助力成功 ... 114
- 5.2.6 案例2：智能缔一面——机器人制作的外卖面条 ... 115

5.3 "水饺美味"：多方面着手打造饺子爆品 ... 116
- 5.3.1 做好馅料：6个要点需要注意 ... 117
- 5.3.2 做好包装：能提升消费者体验 ... 117
- 5.3.3 口味搭配：调料配菜花样要多 ... 118
- 5.3.4 注重服务：在细节上为品牌加分 ... 119
- 5.3.5 案例1：小恒水饺——3个方面成就外卖品牌 ... 120
- 5.3.6 案例2：喜家德水饺——追求高端品质的品牌 ... 122

第6章 小吃爆品玩法：发展有特色的连锁品牌 123

6.1 麻辣烫爆品小吃：市场占有率居高不下 124
- 6.1.1 3个方面打造个性化、精细化麻辣烫 124
- 6.1.2 同质化倾向下要注重麻辣烫品牌发展 126
- 6.1.3 案例1：大舌头麻辣烫面——外卖品类的创新 127
- 6.1.4 案例2：乐山八婆麻辣烫——占据品类制高点 129
- 6.1.5 案例3：亲爱的麻辣烫——3个方面走向成功 130

6.2 米粉爆品小吃：实现跨地域的品牌发展 132
- 6.2.1 从市场特征出发，了解米粉外卖市场 132
- 6.2.2 从价值感出发，完成小吃正餐化的转变 134
- 6.2.3 从消费习惯出发，进行改进和微创新 134
- 6.2.4 案例1：霸蛮牛肉粉——借助新零售东风展开外卖 135
- 6.2.5 案例2：四有青年——3个方面打开米粉外卖市场 136

6.3 卤味爆品小吃：成熟品牌下的商家崛起 138
- 6.3.1 认清痛点：趁机发展休闲卤制品 138
- 6.3.2 做好定位：选择合适的投资方向 139
- 6.3.3 注重口味：有鲜明的品牌认知度 140
- 6.3.4 健康卤味：在卤味安全竞争中获胜 141
- 6.3.5 案例1：老枝花卤——卤味"新贵"成长之路 142
- 6.3.6 案例2：你好鸭——两种策略让品牌快速发展 143

第7章 饮品市场崛起：趁机发力有望成新宠 145

7.1 "餐+饮"场景需求：新式茶饮的出现 146
- 7.1.1 新式茶饮：已成为新时代的消费特征 146
- 7.1.2 出现原因1：适应市场发展的需要 147
- 7.1.3 出现原因2：消费体验升级的需要 148
- 7.1.4 出现原因3：注重饮品健康性的需要 150
- 7.1.5 发展途径1：饮品源自自身产品与供应链 150
- 7.1.6 发展途径2：积极与饮品店合作寻求共赢 152
- 7.1.7 发展途径3：餐厅自建有特色的饮品品牌 152
- 7.1.8 案例1：肯德基——新推出精品咖啡品牌 153

7.1.9 案例2：海底捞火锅——自建精酿啤酒品牌 154

7.2 专门饮品店的发展：市场发展和大洗牌 155

 7.2.1 "中产阶级""新生代"成消费中坚力量 155

 7.2.2 30岁以下的年轻女性是饮品消费主力军 156

 7.2.3 饮品发展特点：地域＋竞争程度＋品类 157

 7.2.4 案例1：眷茶——多角度深挖品牌文化内涵 158

 7.2.5 案例2：瑞幸咖啡——勇敢挑战咖啡外卖 160

 7.2.6 案例3：喜茶——引领新茶饮的文化走向 161

 7.2.7 案例4：乐乐茶——借势推"脏脏茶系列" 163

第8章　新店外卖玩法：提升排名迅速站稳脚跟 165

8.1 上线前准备1：如何找准目标消费群体的痛点 166

 8.1.1 分析哪些人是主要消费群体 166

 8.1.2 基于消费群体诉求找出痛点 166

 8.1.3 满足消费群体的消费痛点 166

8.2 上线前准备2：如何开设新店并开展外卖 167

 8.2.1 选商圈1：基于线上因素考虑 167

 8.2.2 选商圈2：基于线下因素考虑 170

 8.2.3 确定菜品：5个条件要满足 171

 8.2.4 选择厨师：3个方面要注意 172

 8.2.5 准备包装：5个条件要具备 172

 8.2.6 模拟场景：3个方面要查看 173

 8.2.7 餐品完善：通过试吃来解决 174

 8.2.8 热点区域：3种途径进行确定 175

8.3 上线后运营1：4个角度进行线下运营 176

 8.3.1 创意地推：找好有实用价值的媒介 176

 8.3.2 创意优惠：两种方法获取更多好评 176

 8.3.3 快速出餐：6种措施提升出餐速度 178

 8.3.4 及时送达：两个方面确保订单不积压 178

8.4 上线后运营2：6个方面做好线上运营 179

 8.4.1 开启加权期：做好准备才能实现最大化利用 180

 8.4.2 初期对外1：充分利用平台的新店资源扶持 180

8.4.3 初期对外 2：配合活动赢得更多曝光机会 182
8.4.4 初期对内 1：4 种活动加大店铺优惠力度 183
8.4.5 初期对内 2：打造爆款给消费者留下好印象 185
8.4.6 初期对内 3：要及时、巧妙地回复差评 185

第 9 章 老店外卖玩法：让企业焕发行业新生机 187

9.1 运营创新：8 个建议，趁势争夺制胜高地 188
  9.1.1 3 个方面改变自我，挖掘新的盈利空间 188
  9.1.2 3 个方面改变微观，扩大目标消费群体 188
  9.1.3 3 个方面变更需求，培养高端市场客户 189
  9.1.4 6 个方面创新工具，提供更多优质体验 189
  9.1.5 布局内容信息流，利用好流量变现利器 190
  9.1.6 多个方面加强管理，切实保障各方利益 191
  9.1.7 积极进行线上互动，促进自身品牌提升 191
  9.1.8 串联线上线下，实现精准营销和有效管理 193

9.2 口碑打造：5 种技巧，巧妙打造 5 星店铺 194
  9.2.1 从消费者新鲜感出发，不断开发新品 194
  9.2.2 从菜品价格出发，两种方法提升好感 196
  9.2.3 从菜品味道出发，两方面达到用户要求 196
  9.2.4 从菜品卫生情况出发，给出足够重视 197
  9.2.5 从品牌口碑出发，增加消费者的好评度 198

9.3 典型案例：5 大见证，获悉老店外卖详情 199
  9.3.1 "老街坊"赢得回头客，将外卖生意做得风生水起 199
  9.3.2 "西贝莜面村"完善线上销售，催生外卖知名品牌 200
  9.3.3 "正新鸡排"进行资源整合，自如应对新零售竞争 201
  9.3.4 "麦乐送"外卖服务推出，享受麦当劳高品质食品 203
  9.3.5 "肯德基宅急送"服务，满足不同外卖对象的需求 204

第 10 章 线上线下引流：让更多消费者进店下单 205

10.1 线上引流角度：4 个方面提升曝光量 206
  10.1.1 多个主要曝光位要了解 206
  10.1.2 3 个方面提升搜索排名 207

10.1.3　5个方面优化店铺排名 ………………………………………… 207

　　10.1.4　两大作用就在线上活动 …………………………………………… 208

10.2　线上餐饮推广：8个方面打造社交渠道 ……………………………………… 209

　　10.2.1　朋友圈：通过分享快速获取大量订单 …………………………… 209

　　10.2.2　公众号：两种方式吸引消费者下单选购 ………………………… 210

　　10.2.3　小程序：两大优势让消费者快速下单 …………………………… 211

　　10.2.4　社群：3种方法让消费者成为店铺粉丝 ………………………… 212

　　10.2.5　短视频：加大外卖品牌的内容说服力 …………………………… 214

　　10.2.6　直播：引领创业"新食尚"的风向标 …………………………… 214

　　10.2.7　场景：为消费者提供外卖专属服务 ……………………………… 215

　　10.2.8　H5创意：4个原则打造更好营销效果 …………………………… 216

10.3　线上活动引流：有效刺激消费者消费 ……………………………………… 216

　　10.3.1　满减活动：大大提高用户客单价 ………………………………… 216

　　10.3.2　商家代金券：吸引消费者消费 …………………………………… 217

　　10.3.3　新客立减：为店铺带来新用户 …………………………………… 218

　　10.3.4　满赠活动：增加消费者的好感 …………………………………… 218

　　10.3.5　折扣商品：短期内提升交易额 …………………………………… 220

　　10.3.6　买赠活动：增加进店和下单机会 ………………………………… 221

　　10.3.7　提前下单优惠：缓解高峰出餐压力 ……………………………… 221

　　10.3.8　第二份半价：让商家利润最大化 ………………………………… 222

　　10.3.9　活动搭配：找准不同阶段目标 …………………………………… 223

10.4　线下有效引流：3种方法提升店铺销量 ……………………………………… 223

　　10.4.1　线下物料：3种方式加大曝光量 ………………………………… 223

　　10.4.2　地推：传统的吸引用户关注方式 ………………………………… 224

　　10.4.3　异业合作：增强餐饮商家竞争力 ………………………………… 224

第11章　提升体验和评价：才能赢得持续消费 …………………………………… 225

11.1　重视用户主观感受：店铺获得持续购买力 ………………………………… 226

　　11.1.1　3种基本类型，从来源上提升用户体验 ………………………… 226

　　11.1.2　8个体验构成，做好相关的板块设置 …………………………… 227

　　11.1.3　4种变化趋势，看清用户体验努力方向 ………………………… 228

11.2　线上满足各种需求：为获得好评提供依据 ………………………………… 231

11.2.1　线上接待，要尽可能微笑以对 231
　　11.2.2　预订餐点，享受更便捷的消费 233
　　11.2.3　亲切称呼，拉近与消费者的距离 235
11.3　把握好售后服务：让消费者为店铺加分 236
　　11.3.1　从3种情况出发，端正服务态度 236
　　11.3.2　从提供惊喜着手，提升消费者好感 237
　　11.3.3　进行礼貌道别，做好沟通后期工作 239
11.4　找到4个要点策略：针对性地提升好评 239
　　11.4.1　进行精准定位，找到可打动消费者的点 240
　　11.4.2　店铺消费与好评，要实现相互拉动与提升 241
　　11.4.3　洞悉3个关键点，提升用户体验和好评 242
　　11.4.4　做好补救措施，原本的差评也能变好评 244

第12章　优化配送服务：4个方面实现多方共赢 247

12.1　配送方式多样：条条大道确保营销额增长 248
　　12.1.1　美团专送：管理正规化与派单人性化 248
　　12.1.2　美团众包：调动用户的盈余时间红利 249
　　12.1.3　美团快送：可24小时营业的备用模式 250
　　12.1.4　蜂鸟专送："准时达"让配送更优质 251
　　12.1.5　跑腿公司：解决城市最后100米配送难题 253
　　12.1.6　商家自配送：品牌连锁商家的好选择 254
　　12.1.7　到店自取：营造商家与消费者共赢局面 255
12.2　配送技巧必知：达到更有效率的物流水准 257
　　12.2.1　3个方面，重点把握物流配送 257
　　12.2.2　3种方法，多边形划定配送范围 258
　　12.2.3　3个方面，提升自配送用户体验 259
　　12.2.4　随时应变，解决自配送运力难题 260
　　12.2.5　两大问题，提升消费者的满意度 261
12.3　配送服务优化：让用户更多地选择你 262
　　12.3.1　个性化管理，为用户提供超值配送服务 262
　　12.3.2　优化出餐过程，大大缩短配送服务时长 263
　　12.3.3　搭配精致包装，提升用户体验与餐品格调 264

12.3.4 做好骑手管理，让外卖配送轻松实现共赢..266
 12.4 配送的快与准：助力决胜于外卖4.0时代..266
  12.4.1 百度外卖：百度外卖骑士与智能物流调度系统......................................266
  12.4.2 饿了么："蜂鸟专送"与"方舟"调度系统..267
  12.4.3 美团外卖：可自行挑选的"三位一体"配送方案..................................267
  12.4.4 "快跑者"配送管理系统：专注解决同城配送..268
  12.4.5 "乐栈"&"格力"平台：基于物联网技术的智能配送柜..................269

第 1 章

了解行业概况：助你找到新风口和商机

> **学前提示**
>
> 随着经济的快速发展，解决人们"食"问题的外卖模式崛起。那么，在饿了么、美团外卖等第三方外卖平台发展日益成熟的情况下，餐饮商家如何在市场竞争中获胜呢？本章主要分析外卖市场行业现状，帮助大家在掌握行业状况的情况下找到新风口和商机。

- 新趋势：看懂了再入场才是运营的正途
- 新零售：带来更高效的管理和运营模式
- 新机遇：抓住了才能让运营事半功倍
- 新挑战：清楚认识做好勇敢面对的准备

1.1 新趋势:看懂了再入场才是运营的正途

近年来,随着移动互联网的发展和智能手机用户的增加,外卖行业出现了井喷式的发展,众多餐饮品牌通过外卖被越来越多的人熟知,外卖的销售总额也开始了飞速增长。本节笔者就选择外卖行业的8个方面进行具体说明。

1.1.1 主流趋势:线上线下要实现完美融合

很多店铺在进入外卖行业之前都是有线下实体店的,而且通常线下实体店的营业额还是比较可观的。这一部分店铺之所以要开展外卖业务,一方面是为了扩展销售渠道,进一步增加营业额;另一方面也是为了减轻线下实体店的用餐压力,提高店铺的可接待用户数量。

以"CoCo 都可"为例,大多数"CoCo 都可"实体店内也就十来张桌子。而且许多人都是点餐之后便坐在椅子上,一坐就是几个小时。这样一来,实体店的可接待人数便受到了限制。

而借助线上平台,即便实体店满员,店铺仍可向外销售商品,店铺的销售量也将因此获得一定的提升。图 1-1 和图 1-2 所示为同一家 CoCo 都可店在"饿了么"APP 和"美团外卖"APP 上开设的店铺。

图 1-1 在"饿了么"APP 上开设的店铺

图 1-2 在"美团外卖"APP 上开设的店铺

除了在"饿了么"APP 和"美团外卖"APP 上开店之外,该店还在其他外卖平台 APP,以及外卖平台小程序上开设了店铺。由此不难想见,借助线上销售渠道，该店铺的销售量势必会比单纯的线下销售要高得多。

正是因为线上平台为线下的实体店带来了更多的发展机遇，因此越来越多线下的实体店开始进入外卖行业。而线上线下的融合也开始成为外卖行业的主流趋势，正被大多数餐饮店铺所采用。

另一方面，各大外卖平台也开始和超市等侧重于线下销售的店铺取得合作，将店铺的销售扩展到线上。比如，在"饿了么"APP中便设置了专门的"商超便利"板块，将外卖业务连接到了超市，如图1-3所示。

图1-3 "饿了么"APP的"商超便利"版块

1.1.2 贡献率：外卖成为拉动消费的新动能

21世纪以来，我国经济稳步发展，GDP总量稳步增长，我国对全球经济的贡献率不断提高。2017年我国GDP达到827 122亿元，同比增速6.9%。图1-4所示为2000年至2017年我国GDP变化情况。

图1-4 2000年至2017年我国GDP变化情况

俗话说得好，"民以食为天"，餐饮业对我国GDP的贡献可以说是功不可没的。2017年我国餐饮收入达39 000亿元，约占我国GDP的5%。而从增速来看，餐饮业的增速约为10%(明显高于我国GDP 6.9%的增速)。因此，说餐饮业是拉动消费的动能毫不为过。

那么，餐饮行业为什么会出现如此快速的增长呢？这主要还是得益于外卖行业的发展。从美团点评研究院发布的《2017年中国外卖研究报告》来看，2017年我国在线市场规模达2046亿元，同比增速为23%，在线订餐人数约为3亿。

从上述数据不难看出外卖对于餐饮行业的贡献，而且如果我们仔细观察就不难发现，越来越多的人开始习惯点外卖。随着智能手机用户群体的不断扩大，在线订餐人数势必也会进一步增长。在这种形势之下，外卖作为拉动消费的新动能，将对餐饮业的发展，乃至国内GDP的增长产生越来越大的作用。

1.1.3 外卖规模：越来越多的品类开始进入

说到外卖商品的品类，很多人可能和笔者一样，首先想到的就是肯德基、麦当劳和必胜客这些快餐。其实随着外卖的不断发展，越来越多的品类开始进入外卖领域，消费者不仅可以吃到各种口味的美食，还能通过外卖平台购买一些非食用的商品和服务。

图1-5所示为"饿了么"APP的"外卖"页面。可以看到，在该页面的导航栏中包括美食、晚餐、商超便利和果蔬生鲜等20种品类。在这些品类中，虽然各类美食仍占据了主要地位，但也有诸如浪漫鲜花、医药健康等非食用品类的身影。

图1-5 "饿了么"APP的商品品类

越来越多的品类进入外卖领域是很好理解的。首先，外卖的发展让越来越多的店铺看到了发展的契机。而随着店铺的不断加入，外卖的品类自然而然地也就变得丰富起来。

其次,外卖作为服务业的一种,始终是随着用户的需求而发展的。用户在用惯了外卖之后,对品类数量的需求也会相应地增加。而外卖平台和店铺为了满足用户的需求也会增加商品类别,让外卖类别变得更加丰富。

1.1.4 运营捷径:连锁化、精细化必不可少

外卖从诞生到进入发展中期,连锁、精细化运营成为其发展过程中最为明显的趋势之一。外卖和传统餐饮的典型区别在于:它具有新零售的产品特征,企业必须保证产品的质量和销量;同时,外卖还是人们日常生活中的高频消费品类,因此还需要高性价比来吸引用户。

随着外卖平台的管理越来越规范,外卖品牌要想在这些平台上长久生存下去,为消费者带来更多高性价比的产品,连锁化是一条不错的捷径。

美团外卖发布的《快餐连锁商家外卖大数据报告》显示,与2016年相比,2017年外卖品牌数量减少了将近一半,但门店数量却增加了一倍多,而且每个品牌拥有的门店数量从18.75个达到了87.5个,如图1-6所示。从这些数据中可以看到,外卖品牌经过优胜劣汰后,其规模越来越大,同时还形成了一定的壁垒,商家要想适应这种行业新变化,连锁、精细化运营是必不可少的。

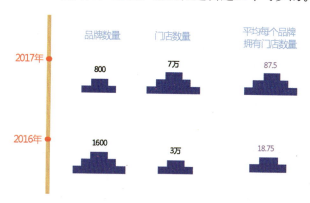

图1-6 外卖行业的品牌化趋势越来越明显

连锁、精细化运营的主要优势如图1-7所示。

例如,外卖品牌"曼玲粥店"就是通过将粥类产品做到极致,实现单店突破,并形成大规模的连锁化运营,同时通过供应链和品牌溢价大幅提升店铺销量和利润,4年时间发展了196家门店,其中两家外卖店铺的单量位列全国前十,如图1-8所示。

```
                                    ┌─ 可以有效提高投资回报率，放大整体利益
                                    │
                                    ├─ 基于大数据的精细化运营，可以提升目标转化率
连锁、精细化运营 ── 主要优势 ─────────┤
                                    ├─ 产品价格和采购议价能力比单店更有优势
                                    │
                                    └─ 更加明显的品牌势能，容易形成广泛传播
```

图1-7　连锁、精细化运营的主要优势

图1-8　"曼玲粥店"的单店销量非常火爆

1.1.5　突破点：同质化下的小而精单品崛起

随着越来越多店铺的加入，外卖市场开始变得越来越热闹。与此同时，因为提供的商品和服务重叠，市场中的同质化现象越来越严重。店主们逐渐明白，与其花费大量时间、精力，尽可能全面地为消费者提供各种商品，倒不如以某一品类为突破点，做一个小而精的单品品牌。

很显然，市场上有这种想法的店主不少，所以，我们会发现外卖市场上小而精的单品品牌越来越多。也有很多品牌凭借看似简单的餐点，却因为其专业性，收获了大量的订单。

比如，"满口香煲仔饭"虽然只是一家为消费者提供煲仔饭的店，但是其在"美团外卖"APP上的销量却达到了9000多单。图1-9所示为该店在"美团外卖"APP

中的相关页面。

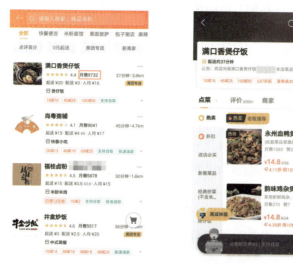

图1-9 满口香煲仔饭在"美团外卖"APP中的相关页面

又如,"1點點"这种为消费者提供果汁、奶茶的店铺,在"美团外卖"APP中的销量也能达到3000多单。图1-10所示为该店在"美团外卖"APP中的相关页面。

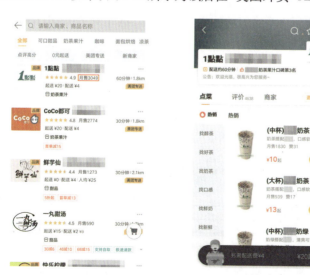

图1-10 1點點在"美团外卖"APP中的相关页面

可见,对于一家店铺来说,外卖的品类不在多,而在精。店主们与其想着满足用户的所有需求,倒不如重点从用户的某一需求入手,为用户提供可以满足这一需求的各种商品和服务。这一方面可以让店铺自身更加集中精力于某一品类,为消费者提供更好的商品和服务;另一方面,在消费者看来,当店铺只做一类商品和服务时,这家店铺在该品类中很可能就是相对专业的。这样一来,消费者对于店铺的信任度会相应地增加,而选择在该店铺消费的概率也将有所提高。

1.1.6 阵地转移:外卖市场下沉向三四线城市

当某一事物发展到一定程度时,总会伴随着各种各样的改变。这也表现在外卖市场中。特别是进入2017年,外卖市场在各类城市的发展趋势有了明显变化。其表现之一就是经过4年的发展,一线城市的外卖市场已经基本趋于饱和。在这样的市场背景下,在有限的市场空间内,众多外卖商家之间的竞争非常激烈,出现了频繁的品牌更迭。

而另一个明显的表现,就是在全国范围内,当一线城市外卖市场基本趋向饱和时,其他城市外卖市场的发展却有了明显增速,特别是三四线城市,一些一线品牌开始进驻。

例如,"至味优粮"(原"优粮生活")作为一个纯外卖品牌,针对这一发展趋势,在2017年4月就开始在河北唐山、福建福鼎等三四线城市布局。如在呼和浩特,"至味优粮"的一个店铺从2017年10月上线以来,至2018年5月,仅仅用了8个月的时间,就创造了110多万元的累计营业额。截止到2018年6月,"至味优粮"拥有的全国加盟店达200家,并计划在未来两年内,实现3000家店的扩展目标。

可见,原本着眼于一线城市发展的外卖品牌下沉向三四线城市并不是一句空话,而是有着数据依据的。在外卖市场上,相较于一二线城市,三四线城市不仅在订单量和销售额的增长上有一较长短之力(见图2-16),还在用户数和门店数方面也表现出了不亚于一二线城市的强劲发展势头,如图1-11所示。

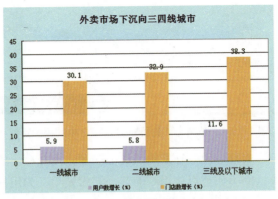

图1-11 外卖市场下沉向三四线城市

而一些一线品牌也正是因为正确的降维选择，使自己从一线城市的竞争和比较中脱离出来，而成功占据三四线城市外卖市场的有利地位，不仅获得了当地外卖的第一波红利，同时还实现了在更大范围内吸引众多消费者和提升品牌的目的。

1.1.7 品类竞争：品牌集中化和两极分化并行

随着越来越多品牌和店铺的加入，外卖行业竞争变得越来越激烈。而经过一番竞争之后，很多品类开始有了"高低"。也就是说，越来越多的用户在选择某一品类时，会钟情于某个品牌，或者某几个品牌。

图 1-12 所示为"美团外卖"APP 中"麻辣烫冒菜"和"包子粥铺"的销量排行情况。从图中不难看出，这两种品类中销量第一的店铺的月销售量几乎是第二名的两倍或两倍多。这显然就是品牌集中化的一种体现。

图 1-12　"美团外卖"APP 中"麻辣烫冒菜"和"包子粥铺"的销量排行情况

紧跟着品牌集中化而来的就是发展的两极化，经营得好的店铺会越来越好。图 1-13 所示为"美团外卖"APP 和"饿了么"APP 中"美食"类的销量排行情况。

从图中不难看出，"毛氏饭铺"与"大米先生"这两家店铺在"美团外卖"APP 和"饿了么"APP 中的销量都是排在前列的。单是这两个平台，这两家店的月销量几乎都破万了。像这种销售火爆的店铺，通常拥有大批忠实的消费者，并且这类店铺的消费者还将不断增加，其经营状况很可能会越来越好。

在市场竞争之下，向来是有人欢喜有人忧。图1-14所示为"美团外卖"APP和"饿了么"APP中"美食"类的销量排行情况。可以看到，同样是美食类，可能有的店铺月销售只有几百单、几十单或几单。

图1-13 "美团外卖"APP和"饿了么"APP中"美食"类的销量排行情况(1)

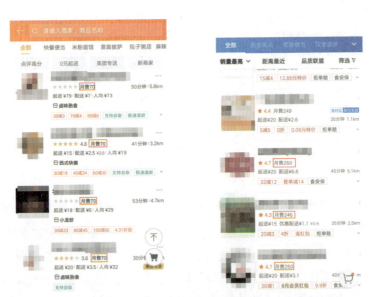

图1-14 "美团外卖"APP和"饿了么"APP中"美食"类的销量排行情况(2)

因此还需要支付门面租金、员工工资和食材费等成本，像这种经营状况不是太好的店铺，如果单纯做外卖的话，根本就是入不敷出。在这种情况下，有的店铺可能坚持不了很久就只能选择关门了。

1.1.8 外卖逐渐变成两个平台的争霸

如果要入驻一个外卖平台，应该选择哪一个平台呢？相信这是一个困扰大多数准备进入外卖领域的店铺店主的问题。其实，在回答这个问题之前，需要做的就是对外卖市场进行分析，看哪个平台更适合自己。

纵观国内的外卖平台，目前知名度比较高的有美团外卖、饿了么、百度外卖、到家美食会、口碑外卖、麦乐送、KFC宅急送和必胜客宅急送等。这些平台除了麦乐送、KFC宅急送和必胜客宅急送是专门配送自家品牌的商品之外，其他平台都是可供一般店铺入驻的。

而从市场份额来看，美团外卖、饿了么和百度外卖这三个平台占据了外卖市场的9成以上。从《中国共享经济发展年度报告(2018)》的数据来看，美团外卖以62%的市场份额，稳居外卖行业首位。

而伴随着2017年饿了么合并百度外卖，一方面饿了么在行业内的影响力和实力不断增强；另一方面，市场上很难再出现能与美团外卖和饿了么抗衡的外卖平台，外卖市场也由此逐渐变成了美团外卖和饿了么这两个平台的争霸。

> **专家提醒**
>
> 对于店铺店主来说，选择一个外卖平台的主要依据就在于这个平台的流量。流量越大的平台，其潜在消费者的基数相对来说就越大。而且如果一个外卖平台能够长期在市场上占据一定份额，就说明该平台的用户是具有一定黏性的。
>
> 由此看来，美团外卖和饿了么对于商家们来说都是不错的入驻平台。虽然这两个平台存在着明显的竞争关系，但是，这并不妨碍商家们同时入驻两个平台，用自己的商品和服务在外卖市场赚得一桶金。

1.2 新零售：带来更高效的管理和运营模式

新零售的出现，进一步加深了网红品牌、外卖市场与互联网之间的联系，同时让用户与餐饮更紧密。"新零售+新餐饮"可以为外卖平台和商家带来更加高效的管理和运营模式，这种模式把大家从松散的对接，变成一个紧密的衔接，反应会更快、摩擦会更少，协作更加高效。

1.2.1 火爆业态:快闪店、网红店层出不穷

泛娱乐是指在互联网与移动互联网的基础上打造明星 IP 的粉丝经济,IP 即 intellectual property(知识产权)的缩写,是整个泛娱乐时代的核心所在,如一本书、一个故事、一首歌或者一个角色等拥有大量粉丝的事物,都可以成为 IP。

近年来,各种快闪店和网红店层出不穷,成为一种非常火爆的新零售业态,而且这种热门的营销方式不仅可以帮助店铺在短时间内快速吸引大量粉丝,而且还能够很好地宣传品牌,扩大品牌的影响力,同时增加业绩。

例如,火遍大江南北的"喜茶"是当下非常受消费者追捧的饮品,成为互联网时代的著名网红品牌,已在全国各地开设了 80 多家门店。在中国拥有几千年传统的茶,一直被视为慢文化的代表,而"喜茶"则把茶做成了快消品,以迎合年轻人。"喜茶"门店的生意非常好,门前经常会排起了"长龙",火爆至有人不惜花数小时排队买一杯芝士奶盖。

队伍越长,就会有更多的人好奇和关注,从而引发更大一轮的从众消费,而且顾客们都会禁不住拍照发朋友圈,如此循环,品牌效应会越来越大。与此同时,"喜茶"还在线上开设了外卖店铺,来分流线下的人流量,减少用户排队等候的时间,提升用户体验,如图 1-15 所示。

图 1-15 "喜茶"外卖店铺

"喜茶"非常重视社交媒体账号的运营,经常会在官微上和年轻人进行有关的话题互动,互动后还会给粉丝送礼,如图 1-16 所示。

图1-16 "喜茶"通过微博与粉丝互动

另外,"喜茶"还善于进行跨界营销,经常与一些当下非常流行的、时尚的、高端的以及年轻人喜欢的品牌进行合作,强化自己的品牌形象,同时吸引这些品牌的目标受众。图1-17所示为喜茶和倩碧跨界合作推出的产品。

图1-17 喜茶和倩碧跨界合作推出的产品

据悉,在上海的所有"喜茶"门店中,外卖带来的销量占日销量的10%左右,而且人均订单都在2杯以上。同时,"喜茶"还经常在外卖时处于"打烊"状态,因此还被人称为"佛系外卖"。"喜茶"爆红,已迈出了占领消费者心智的第一步。在战略上,"喜茶"仍不断尝试与年轻消费群体互动,刷新品牌新鲜感。

1.2.2 跨界营销:借力爆款 IP 来提升影响力

在互联网时代,行业的界限变得越来越模糊,而且互联网具有能连接一切的属性,让企业和粉丝直接的黏性与互动更强,而且产品的连接融合现象也更加明显,彼此之间可以协同打造同一个明星 IP,构建一个全新的商业生态。

同时,众多自媒体大 V 和各类 IP 都在进行跨界营销,双方拿出自己最好的资源强强联合,为彼此带来更多的流量。对于外卖行业来说,运用 IP 营销能够快速吸引用户关注和互动,增加用户对品牌的认知度和好感度,进而刺激用户对产品的消费需求和购买。

例如,美团外卖借势口碑好剧《人民的民义》热门 IP,联手打造《人民的名义》视频,并与众多微博大 V 联合做转发推广,形成病毒传播,借此向年轻用户传递"送啥都快"的核心理念,打造美团外卖的品牌形象,如图 1-18 所示。

图 1-18 美团外卖借势热门 IP 打造的《人民的名义》视频

据悉,美团外卖的视频播放总量达到 2700 万次,累计评论量达到 2665 次,传播整体覆盖人数达到 3.76 亿,微博话题量达到 1.4 亿次,讨论量达到 13.9 万次。同时,有超过 20+"蓝 V"、100+"黄 V"自媒体大 V 参与评论并自发传播。

又如,美团外卖骑士在"六一"儿童节期间,还借助经典动画 IP《葫芦兄弟》做了一次很好的跨界营销,推出《葫芦娃兄弟番外篇之美团外卖送啥都快》4 支短视频,如图 1-19 所示,通过借势热点、制造悬念、引爆话题,勾起成人们的童年记忆。同时,借助"六一"儿童节,"葫芦娃"归来之际,巧妙地宣传了美团外卖品牌。

可以说,外卖行业与 IP 的跨界合作,是新零售环境下,各取所需的必然结果。对于外卖行业的相关企业和品牌来说,必须注重 IP 营销这种与年轻人的良好互动形式，来挖掘他们真正喜欢的东西，以赢得目标消费群体的好感。

图 1-19　《葫芦娃兄弟番外篇之美团外卖送啥都快》短视频

1.2.3　品牌联合：让品牌的宣传效果最大化

在新零售时代，品牌之间的联合营销越来越猛烈，成为品牌宣传效果最大化的不错选择。外卖品牌也可以选择适合自己的联合营销对象，通过有创意的营销，打出一手很好的组合牌，打造 O2O 营销新范式。

例如，美团外卖在三周年期间联合众多品牌商家玩转定制化营销，包括肯德基、避风塘、海底捞、汉堡王、太平洋咖啡、蒸功夫、必胜客、西贝莜面村、尊宝比萨以及 CoCo 都可十大品牌商家，如图 1-20 所示。

图 1-20　美团外卖与 CoCo 都可的品牌联合营销

美团外卖和各大外卖品牌通过这种深度联合的营销模式，实现了"1+1>2"的品牌双赢效益，不但可以在用户面前呈现一个"合二为一"的强大品牌印象，同时还集中了大量的明星资源、营销创意和全媒体平台投放渠道，来帮助各个品牌增加用户黏性，并提升销售业绩。

1.3 新机遇：抓住了才能让运营事半功倍

随着生活节奏的加快，人们觉得时间越来越不够用了，甚至于觉得花上几个小时去附近的餐厅吃一顿饭都是对时间的极大浪费。而外卖的出现，就正好适应了人们缩短用餐时间的需求。另一方面，外卖送餐上门，以及费用相对较低等特点，也让越来越多的人觉得吃外卖是一种不错的选择。

伴随着人们消费观念的转变，外卖在近几年得到了飞速发展，这也给众多餐饮商家在外卖市场上的发展带来了新机遇。那么，外卖市场究竟有着怎样的新机遇呢？接下来笔者就为大家一一介绍。

1.3.1 模式创新："新餐饮"增加运营成功的可能性

看到这个标题之后，有的读者可能会有疑惑，大家都在说"新餐饮"，那么究竟什么是"新餐饮"呢？其实，我们只要将餐饮业发展的几个阶段弄清楚，就能很好地把握"新餐饮"的概念了。

具体来说，我国餐饮业的发展大致经历了以下4个阶段。

1．消费价格为王阶段

在生产水平相对较低的年代，人们生活水平相对较低，所以，手上也没有太多钱用于餐饮消费，大多数人在餐饮方面的消费可能就是买些食物填饱肚子。由于手上钱不多，因此，人们在消费时都会特别在意餐点的价格。有的人在消费之前可能会货比多家，只为了买到相对便宜的餐点。

在这个阶段，餐馆等餐饮服务平台本身能够提供的餐点也比较有限，可以说是能提供什么就买什么。当然，如果消费者对某一类餐点的需求相对较高，餐馆等餐饮服务平台也会顺应消费者的需求，适当增加供应量。

2．消费选择增多阶段

随着生活水平的提高和人们就业观念的提高，一方面人们有了更多可供消费的资金；另一方面，作为第三产业的餐饮业越来越受到国家的重视，许多人开始开餐馆自己当老板。

在这个阶段，餐馆的数量大幅增加，人们在消费时对价格的在意程度有所减弱。因此，人们在消费时可以选择的餐馆增多，而且人们也会根据自己的喜好进行选择。

3．消费注重个性阶段

互联网的发展让越来越多的人开始了网上消费，而借助网络，人们的消费选择再次增加。在这种情况下，很多时候人们已经不是为了消费而消费，而是希望在消费过程中获得更好的体验。

在这个阶段，人们消费时会看餐点的"长相"、他人对餐点的"评价"，如果觉得对自己的"口味"才会下单购买。而在这种个性消费观念的引导下，越有特色的餐点越容易杀出重围。这也是为什么有的所谓的"网红食品"看上去"怪怪的"，却能卖得脱销的重要原因了。

4．"新餐饮"到来阶段

"新餐饮"简单的理解就是店铺和品牌以互联网为依托，借助大数据和人工智能等技术，对餐点生产、销售等过程进行升级改造，从而打造线上、线下深度融合的新运营模式。

伴随着大数据和人工智能的发展，再加上小程序等平台的出现，店铺对生产、销售的升级改造变得越来越有据可循，线上线下的融合也进一步加深。可以说，"新餐饮"正在一步一步地到来。

在这个阶段，商家和消费者的心理距离开始不断拉近，商家越来越能知道消费者的需求，他们在更好地满足用户需求的同时，开始寻求更好的经营模式。而消费者的消费体验也不断提高。

值得一提的是，小程序的出现和发展对于外卖店铺的发展可以说是意义重大的。这不仅是说小程序能为外卖店铺增加销售渠道，更为关键的一点是，店铺可以打造自己的小程序，让附近的消费者看到。

在小程序中专门设置了"附近的小程序"板块，只要店铺的小程序上线并开启了"附近的小程序"功能。那么，店铺附近的消费者便可以看到。图1-21所示为"附近的小程序"的相关页面。

从图1-21中可以看到，在"附近的小程序"中列出了店铺的相关信息，如果店铺提供线上服务，消费者便可以直接进入小程序下单。如果没有线上服务，消费者也能够根据店铺提供的地址,以及小程序中的导航在线下找到实体店。这样一来,通过小程序,店铺的线上、线下融合便可以得到很好的加深了。

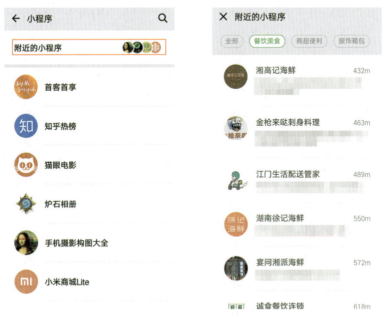

图 1-21 "附近的小程序"的相关页面

1.3.2　平台扩展:庞大用户量的微信在线订餐平台

说到微信在线订餐平台,除了 1.3.1 节介绍的"附近的小程序"外,还有其他一些平台可供餐饮外卖商家进行运营,如微信公众号、朋友圈和微信群等。图 1-22 和图 1-23 所示分别为"肯德基"关键词的微信公众号搜索结果页面和"肯德基宅急送"微信公众号的"订餐服务"与推送的内容。

由图 1-22 可知,肯德基餐饮品牌利用微信公众号这一平台,创建了众多公众号。不仅有全网的"肯德基宅急送"外卖平台和"KFC 优惠券网"这一专门的优惠券平台,还基于各省份、城市等创建了推送相关活动信息的微信公众号,更重要的是,肯德基门店也建立了自身的微信公众号来进行运营。

可见,微信在线点餐平台已成为一个覆盖海量用户的运营平台,能为众多餐饮商家在外卖市场获得发展提供巨大的机遇。而且微信平台上的外卖业务不需要投入过多成本,门槛也较低。这对具有本地化、区域化性质的餐饮商家来说,不失为一个好的运营选择。

图1-22 "肯德基"的微信公众号搜索结果页面

图1-23 "肯德基宅急送"微信公众号的"订餐服务"与推送的内容

其实,快速发展的微信在线点餐平台,之所以说其为餐饮外卖商家带来了新机遇,其原因主要表现在三个方面,具体如图1-24所示。

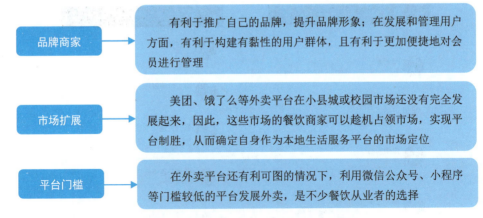

图 1-24 微信在线点餐平台的新机遇的表现

1.3.3 市场刚需：解决营养配餐"老人外卖"难题

截止到 2017 年年底，我国 60 岁以上的人口达到 2.41 亿，老年人的衣食住行成了许多家庭待解决的问题。其中，在"食"一项上，"做饭难""吃饭难"和"送餐难"不仅是老年人遇到的难题，在一定程度上也是众多餐饮商家遇到的难题，特别是在"送餐难"方面。

而在这些难题的背后，却有着巨大的市场空白，这也就给处于激烈的外卖市场竞争中的餐饮商家带来了机遇。在外卖服务上，老年人外卖有着自身的特点和要求，具体如图 1-25 所示。

在外卖市场上，主要的消费人群集中在白领商务办公区、校园和家庭社区，大多是中青年。在这样的情况下，外卖市场上的现有产品也主要是根据这些消费人群而确定的，能满足老年人营养需求和适合老年人食用的餐饮产品比较少。这也就形成了老年人在外用餐的"吃饭难"问题。

另外，在配送方面，居住在小区内特别是步行房的老年人，如果餐饮商家的人手比较少，那么送一份外卖要十几分钟甚至更多时间，明显不能满足送到家门口的要求。当然，老年人对线上点餐平台的使用程度和熟练度也是影响老年人外卖发展的一个因素。

然而，隐藏在这诸多难题下的"老人外卖"空白的市场，却是实实在在存在的。如果餐饮商家能解决现有的问题，针对营养配餐的"老人外卖"刚需，将能为自身发展带来巨大机遇。如果企业在这一市场背景下，挖掘居家养老的需求潜力，并率先开拓和占位，那么抓住巨大的发展先机在外卖市场中获胜也就可期了。

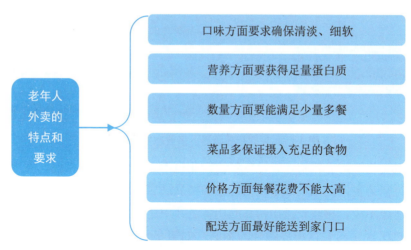

图 1-25　老年人外卖的特点和要求

针对这一机遇,有些连锁餐饮品牌开始与地方政府合作,参与养老配餐活动,推出养老配餐送到家门的服务,如图 1-26 所示。

图 1-26　养老配餐送到家门的服务

1.3.4　发展新方向:跨界混搭、多业态融合可借鉴

前文已经提及了新零售下餐饮外卖与爆款 IP 的跨界合作,并着重以美团为主,介绍了其利用影视 IP 来提升品牌影响力的案例。其实,这种跨界、多业态融合的发展方式已成为餐饮行业转型的正确道路。

就笔者来看,这条餐饮行业转型的正确道路主要有三种方式,如图 1-27 所示。餐饮商家只要抓住机遇并运用得好,想要在转型之路上走得更远将不再是空中楼阁。

```
餐饮行业跨界、    ┌── 品牌之间实现跨界融合，产生全新产品
多业态发       ─┤── 品牌之间通过优势互补，做到渠道共用
展的方式        └── 通过文化的跨界软植入，形成独有品牌特色
```

图 1-27　餐饮行业跨界、多业态发展的方式

就以文化的跨界软植入来说，餐饮行业也不乏其例。一般来说，酒店都是以餐饮、住宿为主，你见过以茶饮为特色的精品酒店吗？然而，在现实生活中，这样的酒店还不少，柏联景迈山精品酒店就是其中之一。我国传承了几千年的儒家文化，也出现了与餐饮跨界融合的案例，如儒宴孔府餐厅就是明证。图 1-28 所示为"美团外卖"APP 上的儒宴孔府餐厅介绍和商家相册。

图 1-28　"美团外卖"APP 上的儒宴孔府餐厅介绍和商家相册

1.3.5　品牌孵化器：商圈平台为餐饮经营降本增效

随着我国城市化进程的加快，出现了很多大型的线下商圈和综合商业体。它们集商业、办公、酒店、住宅、零售以及娱乐等多种业态于一体，成为人们生活、购物和休闲的集中区域。

这些线下商圈拥有强大的聚合能力，以及简单、成熟的综合管理体系。这些使得大批餐饮商家入驻线下商圈，而且诞生了很多新晋餐饮品牌，成为餐饮品牌

的最佳孵化器,最终使得餐饮在线下商圈中的占比越来越高。图 1-29 所示为购物中心 2014 年和 2017 年的业态平均占比情况。

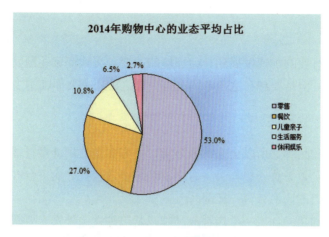

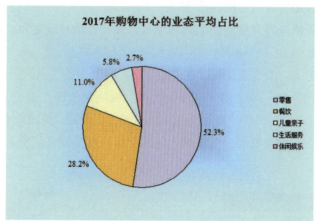

图 1-29　购物中心 2014 年和 2017 年的业态平均占比情况

同时,线上也诞生了很多平台经济体,如美团点评、"口碑网+饿了么"等,与线下的综合商业体相辅相成,对餐饮外卖的经营起到了降低成本和提高效率的作用。例如,美团点评的业务覆盖超过 200 个丰富品类和 2800 个城区县网络,为 2.9 亿活跃用户和超过 500 万的优质商户提供一个连接线上线下的电子商务平台。

同时,国内的商业地产越来越多,线下商圈的红利逐渐在消失,而且也呈现出两极分化的情况,那些做得差的线下商圈人流量呈现严重的衰减之势。而线上的平台经济体则运用其强大的资源吸附能力,推出了很多创新型服务,在线外卖市场的全品类特征日益明显,并且与各行业的渗透也在不断加深,有助于餐饮企业更好地发展。

1.4 新挑战:清楚认识做好勇敢面对的准备

随着外卖行业的加速发展和社会环境的改变,餐饮商家逐渐发现外卖市场虽然充满了机遇,但是要想在这个市场占得一席之地还需要面临不少的挑战。

1.4.1 纯外卖品牌:提高订单量成为商家发展瓶颈

很多店铺和品牌之所以会选择做外卖,一方面是看到外卖行业的良好发展态势,认为做外卖是大势所趋;另一方面也是想要通过在外卖平台开店的方式,让自己可以在外卖市场中分得一杯羹。

然而事实却是,如果一个店铺或品牌只是单纯地做外卖,要想获得成功变得越来越难了。这主要有两方面的原因。

首先,随着越来越多店铺和品牌的加入,外卖市场日渐饱和,而消费者的选择性也在不断地增多。

同样是麻辣烫,消费者既可以在"饿了么"APP中的"麻辣烫"板块中选择,也可以在"美团外卖"APP的"麻辣烫冒菜"板块中选择。图1-30和图1-31所示分别为"饿了么"APP的"麻辣烫"板块的相关页面和"美团外卖"APP的"麻辣烫冒菜"板块的相关页面。很显然,这两个板块都能满足消费者消费麻辣烫的需要。

图1-30 "饿了么"APP的"麻辣烫"板块

图1-31 "美团外卖"APP的"麻辣烫冒菜"板块

这便分流了平台的流量,如果是纯外卖店铺或品牌只入驻某一个外卖平台,就相当于失去了许多获得订单的机会。而即便是同一个外卖平台,某一品类也可能有多个店铺在提供服务。而且随着外卖店铺的增加,纯外卖店铺在同一平台获得订单的概率有可能会出现一定程度的下降。

比如,在笔者所在的位置打开"饿了么"APP,进入"水果"板块,如图 1-32 所示,便能看到 80 多家店铺。虽然卖水果的店铺在外卖的所有品类中并不算多的,但是,就这么方圆 10 来公里,却也聚集了 80 多家店铺,而且有新店正在不断进入。其他品类竞争的激烈性也就可想而知了。

图 1-32　"饿了么"APP 中"水果"板块部分店铺的相关页面

其次,餐饮业一直以来就存在着"三高一低"(房租费用高、人工成本高、税费高、利润水平低),这就直接导致店铺需要达到一定的订单才可保本。而单纯依靠线上销售的纯外卖品牌,因为很难在线下培养忠实消费群体,所以,在线上销售时也很难被消费者信任,以至于大多数纯外卖品牌的订单量都难以提高。

在这两方面的影响下,纯外卖品牌线上销售需要面临激烈的竞争,线下又没有搭建销售渠道,因此,在外卖行业日渐发展的大形势下,这些纯外卖品牌要获得成功只能是越来越难了。

1.4.2　平台扶持:缩减红包和补贴,纠结如何下单

随着外卖平台的集中化,各大外卖平台开始收紧红包和补贴。而这一举措就导致了一部分消费者下单越来越纠结。一方面,如果红包不用掉可惜了;另一方面,如果为了使用红包而购买一些不需要的东西来凑单,又会觉得没有必要。

在这种情况下，店铺店主需要做的就是通过价格的设置，让消费者用上红包，通过一定的优惠刺激消费者完成消费。图 1-33 所示为"饿了么"APP 展示的向用户发放的红包页面。

图 1-33　"饿了么"APP 展示的向用户发放的红包页面

而红包的使用决定权始终掌握在消费者的手里，那么，商家们如何让消费者将红包用在自己的店里，刺激消费者来自己的店铺消费呢？接下来，笔者就以满 30 减 4 元的满减红包为例进行具体的解读。

首先，商家需要计算一个保本点，即只有价格达到该节点，商家才不至于亏本。假设某店的保底点为 11 元，其平均消费价格为 16 元。那么，用户要使用该红包就需要点两份餐。

然而，事实却是，很多人可能只是一个人用餐，如果点两份的话，很可能会因为吃不完而造成浪费。而且为了一个 4 元的红包，再点一份 16 元的餐，也会觉得划不来。

在这种情况下，商家可以转变策略，先将餐品的价格翻倍（即将原本 16 元的餐品定价为 32 元），让价格可以满足红包的使用条件。同时，为了保障消费者的利益，再在店铺内增加一个"满 30 元减 10 元"的满减活动。此时，用户购买一件餐品实际需要支付的金额为：32-10-4=16 元。而商家的保本点为 11 元。因此，采取该方式，商家每一份订单实际可以获得的收益为 16-11=5 元。

值得一提的是，商品的定价对用户的消费行为将产生极大的引导作用，商家在定价时既要考虑自身利益，也不能让消费者觉得你这是在"宰"他（她）。而上述做法的好处就在于，不仅让消费者用上了红包，获得了优惠，还让消费者觉得32元的东西，用16元就买到了，比较划得来。而这种划得来会让消费者对该店铺留下物美价廉、物有所值的印象，这样一来，消费者在下次有消费需求时，会重点考虑此店铺。

1.4.3　食品安全：外界控管严格，信任问题难保障

由于市场上的外卖平台和商家数量相对较多，而这其中不乏存在安全隐患的商家。比如，有的商家甚至都没有取得卫生部门的卫生许可证就在网上开店了，其从业者也没有办理健康证。

又比如，有的商家厨房卫生环境堪忧，而餐品更是在消费者下单之前就早早地做好了，等消费者拿到手之后可能已经过去了比较长的时间，以至于一些餐品到手后就已经变质了。

正是因为遇到了这种种的不卫生问题，消费者对外卖的食用安全开始产生怀疑。而国家相关部门和各大外卖平台也注意到了这个问题，一方面相关部门抓紧对各大餐饮店铺的卫生监管；另一方面，外卖平台也开始提高入驻的门槛，店铺只有填写实体店地址、提供店铺照片和食品经营许可证，并做到"三证合一"（工商营业执照、组织机构代码证、税务登记证），才能通过外卖平台的审核。

随着消费者对食品安全的重视程度不断提高，当其遇到存在食品安全的问题时，可能会向外卖平台和相关部门反馈。在这种情况下，外界对外卖店铺的食品安全监管日趋严格，一个店铺要想生存下去，就必须为消费者提供安全、健康的食品。

专家提醒

外卖店铺，特别是向消费者提供食品的店铺，食品的安全可以说是立店的根本。一方面，相关部门对食品安全的监管比较严格，如果存在严重的食品安全问题，很可能会面临被关店的处罚。

另一方面，每个消费者都希望自己购买的食品是安全的、卫生的。如果消费者拿到食品之后发现有安全问题，那么消费者会将该店铺贴上食品安全不达标的标签。这样一来，店铺就很难再获得消费者的信任了。

第 2 章

做好定位准备,打造出吸睛的外卖菜单

学前提示

对消费者来说,一个店铺有没有他(她)想吃的菜品,是决定他(她)是否会在该店消费的关键。当然,除了用户需求之外,在制定菜单的过程中还需要考虑很多其他的因素。那么,商家应该如何确定应向消费者提供哪些菜品呢?本章就来给你想要的答案。

- 把握外卖市场,进行差别化营销
- 做好用户定位,满足消费者需求
- 做好品类定位,为营销增添胜算
- 进行自我分析,做好内部运营准备

2.1 把握外卖市场，进行差别化营销

近3年来，外卖的消费场景已经发生了一些变化——主要包括家庭、学校、线下商圈与工作场所等。根据其主要消费场景，可以得知消费群体主要集中在校园及周边、白领工作区和家庭社区等领域。餐饮商家在设定外卖价格时，需要根据消费群体和场景的不同，执行差别化定价策略。

2.1.1 校园外卖市场：提供优惠、信赖的食品

对于校园中的学生群体来说，比起去食堂排队打饭，订外卖更简单。订外卖已经成为校园生活必不可少的一部分，其主要原因如图2-1所示。

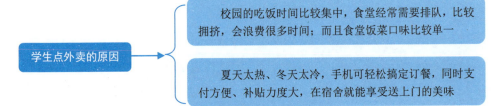

图2-1 学生点外卖的主要原因

校园外卖市场的主要消费人群是学生和少量教职工人群——满足他们在校园内的就餐需求。校园外卖市场的消费时段特征比较明显，通常集中在上学期间，到了假期，外卖的客单量就会明显减少。同时，学生几乎没有收入，经济方面全靠父母，生活费有限。因此，在定价策略方面，建议商家采用低价策略，给学生带来既优惠又值得信赖的食品。

2.1.2 白领商务市场：增强产品品质和配送时效

白领商务外卖市场的消费场景主要集中在办公区域，消费时段大部分为午餐，品类以快餐为主。在白领商务外卖市场，不管是消费频次还是单价，都在稳步上升，市场前景无可限量，是外卖商家的必争之地。

1. 消费单价：增速迅猛

白领商务人群的单次消费能力近两年都有了明显的提升，且增速迅猛。DCCI发布的《白领市场报告》显示，在"美团外卖"、"饿了么"和"百度外卖"三大平台中，有40%左右的消费单价达到40元以上，如图2-2所示。

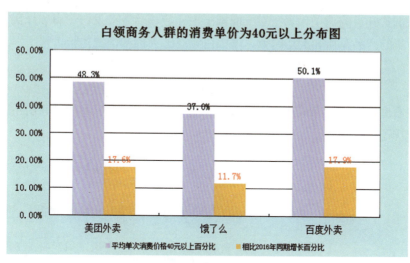

图 2-2 白领商务人群的消费单价分布

2. 消费频次：有明显提升

白领商务人群的消费频次也得到了同步提升。例如，DCCI 发布的《白领市场报告》显示，百度外卖在 2017 年平均每周消费 8 次及以上的人群上升到 45.7%，如图 2-3 所示。

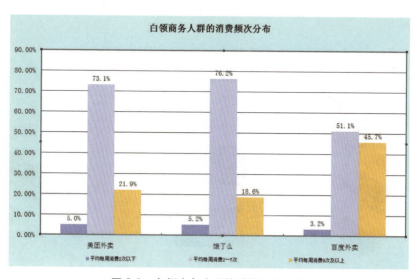

图 2-3 白领商务人群的消费频次分布

从白领商务外卖市场的数据可以看到，消费单价与消费频次都处于飞速上升的阶段，占据外卖市场的绝大多数份额，而且已经开始从量变过渡到质变，是外卖市场消费升级的典型代表。对于商家来说，应该着重开发白领商务外卖市场，提升外卖的产品品质和配送时效，增强白领商务人群的消费体验。

2.1.3　家庭社区市场：提供更好的家庭就餐体验

在家庭社区外卖市场中，更加追求品质和服务，其特点如图 2-4 所示。但目前该市场还有待开发。

图 2-4　家庭社区外卖市场的消费特点

外卖不仅是家庭用户特殊的用餐需求，也让他们有了更好的家庭就餐体验，以及更多的用餐选择，同时也诞生了很多以家庭社区市场为主的外卖平台。例如，"爱品味"APP 就是一个家厨外卖软件，可让用户品尝不同的私房美食，如图 2-5 所示。

图 2-5　"爱品味"APP

很多厨师开始在家中做饭，通过"爱品味"平台进行合作，并下载专门的商户端 APP 来接收订单和处理订单，改变传统餐厅厨房的服务状态，如图 2-6 所示。

图 2-6 "爱品味"商户端

2.2 做好用户定位，满足消费者需求

商家在制定菜单时一定要明白一点，那就是消费的决定权在消费者手中。只有提供的菜品是消费者所需的，他们才有可能为你的菜品买单。所以商家一定要先立足消费者的需求，看消费者喜欢哪些菜品和服务，并在此基础上做好用户定位。

2.2.1 消费者画像：让消费者行为可视化

如今，我们正处在一个大数据时代，对于外卖行业来说，大数据的典型价值就是可以将消费者的所有行为可视化地呈现在餐饮企业和商家面前，制作成一个用户画像，如图 2-7 所示。

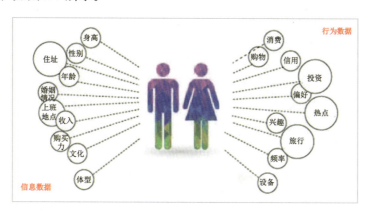

图 2-7 用户画像

在给餐饮用户画像时,其核心任务就是给他们打上各种标签,如年龄、地址、收入、性别以及兴趣爱好等。这些标签都是一群用户的高精度特征标识,将其进行综合提炼和分析后,即可形成餐饮人群的用户画像,具体步骤如图2-8所示。

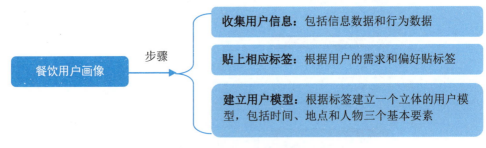

图 2-8　餐饮用户画像的基本步骤

当餐饮企业获得准确的用户画像后,即可进行更加精准的营销,来获得店铺流量。图 2-9 所示是根据消费场景、消费者年龄和购买力等数据信息,制作而成的餐饮消费者的基本特征画像。

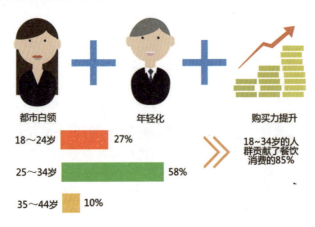

图 2-9　餐饮消费者的基本特征画像

前面对消费群体已经进行了分析,白领商务市场是外卖的主要市场,80后和90后等年轻的消费者是主要的外卖用户群体,这些人群的外卖消费频次最高。

2.2.2　画像分析:让消费者更加立体化

在互联网时代,用户画像在任何领域中都能够起到非常重要的作用。通过用户调研、数据分析和问卷访谈等方式,将用户的一些基本信息和行为属性综合起来,然后得出用户的精准画像,使用户这个角色更加立体化、个性化和形象化,帮助餐饮外卖企业和商家能够针对用户的属性特点，找出最好的经营方式。

据"饿了么"与"百度外卖"联合发布的《2017年中国互联网本地生活服务蓝皮书》中的数据显示，外卖消费男女比例相差不大，不论男女都喜欢美食。图2-10所示为2017年男性与女性外卖用户订单量和交易额对比。

图2-10　2017年男性与女性外卖用户订单量和交易额对比

正所谓"抓住男人的胃，不如抓住女人的心"，虽然男性用户的消费频次稍高，但女性用户的消费能力比男性用户更强。图2-11所示为男女外卖用户的消费能力对比。

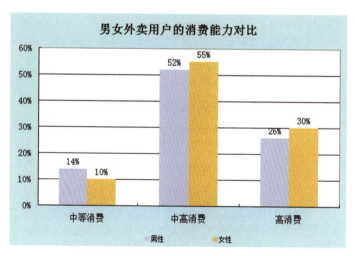

图2-11　男女外卖用户的消费能力对比

在国内外卖市场，用户规模表面上看很大，其实全网渗透率还非常低，只有8%左右，如图2-12所示。而美国的外卖在全网的渗透率已经达到两位数，说明我国的外卖用户规模还有很大的上升空间。

图2-12　外卖领域的用户规模占全网活跃网民的比例

2.2.3　制定策略：基于画像打造个性化服务

对于外卖企业和商家来说，可以基于精准的用户画像，打造个性化和差异化的外卖服务。例如，在外卖小票上画画的服务，引起了很多消费者的关注和转发。虽然只是简单几笔的小动物，或者一些鼓励的话语，但对点外卖获得这些服务的用户来说，也许是一次感恩和希望，也能够抓住他们的心，如图2-13所示。

图2-13　个性化的外卖画画服务

想要提高店铺流量及交易量,不是一蹴而就的,必须要有好的产品、宣发、服务、价格和沟通方式等,这些都很重要。在用户画像的基础上,商家可以从垂直细分领域切入,来为用户提供更好的服务。例如,"晚1点"是一个垂直细分型外卖平台,专门经营中高端五星级海鲜外卖产品,截至2018年已获得两轮投资,会员数也已超过10万,获得用户的广泛好评,如图2-14所示。

图 2-14 "晚1点"用海鲜外卖俘获众多吃货

"晚1点"拥有非常集中和精准的消费群体,同时通过垂直细分品类来打造出独具匠心的极致外卖服务,给予用户更多的价值体验,将品牌软性植入消费者心中,其经营特色如图2-15所示。

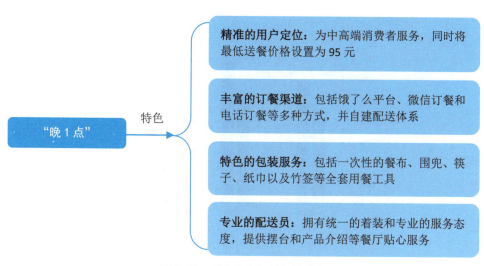

图 2-15 "晚1点"的经营特色

2.3 做好品类定位，为营销增添胜算

进行用户定位，了解消费者的需求之后，接下来商家就应该做好品类定位，或者说产品定位。这样才能找到一个准确的切入口，提供市场需要的但又相对欠缺的菜品。

2.3.1 解读外卖数据：城市数据 + 品类数据

做一件事之前我们往往会寻找一定的参考依据，在做外卖品类定位时也同样如此。商家在决定要做哪一类菜品时，不妨先了解一下外卖行业的基本数据。接下来，笔者就从城市数据和品类数据两方面，分别对外卖行业的数据进行一番解读。

1. 城市数据：了解城市外卖消费情况

因为所处地理位置的不同，消费者对外卖的需求也会有所不同。下面，我们就通过一些城市数据，来了解城市的外卖消费情况，帮助商家根据自身所处的位置，更好地选择菜品的品类。

图 2-16 所示为"饿了么"发布的 2017 年一、二、三线城市订单量和交易额同比增长情况。从该图不难看出，二线城市无论是订单量增长速度，还是交易额增长速度，都是三类城市中最快的。三线城市虽然订单量增长速度相对较慢，但是交易额的增速却与一线城市没有太大的差距。

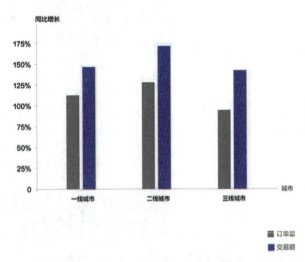

图 2-16　2017 年一、二、三线城市订单量和交易额同比增长情况

这就说明外卖正在由专为一线城市服务，变为全国性的服务，外卖的渗透率正在大幅提高。所以，无论商家是在一线城市，还是在二、三线城市，都可以享受到外卖行业发展带来的机遇。

因为外卖需求和消费能力的不同，各城市在外卖订单量和客单价方面存在着明显的差距。下面，分别进行简要说明。

图 2-17 所示为"饿了么"发布的 2017 年城市外卖订单量排行图。从该图可以看到，上海以绝对的优势稳居订单量最多的城市，而杭州、北京和武汉则分列城市外卖订单量第 2、3、4 名。

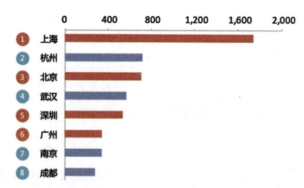

图 2-17　2017 年城市外卖订单量排行图

在客单价方面，上海同样是最高客单价的城市。北京、厦门、深圳和成都则紧随其后，成为客单价排行榜第 2、3、4 名。图 2-18 所示为"饿了么"发布的 2017 年城市外卖客单价排行图。

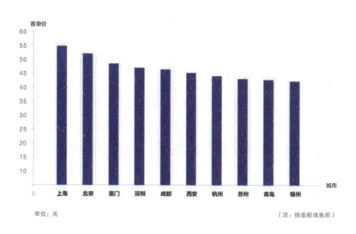

图 2-18　2017 年城市外卖客单价排行图

总结订单量和客单价排行图，不难得出这样一个结论，那就是上海、北京等经济相对发达的城市，对于外卖的需求量，以及外卖的消费能力都是相对较高的，因此这些城市的外卖商家的潜在市场也相对更大一些。

2．品类数据：了解消费者饮食偏好

因为我国幅员辽阔、人口总数大，而每个人又都有自己的饮食偏好，所以，外卖市场为了满足各类群体的需求，为消费者提供了各种各样的消费品类。当然，受到消费观念和个人偏好的影响，各品类的数据也会呈现一定的差异。下面就看一看2017年外卖品类数据。

图2-19所示为"饿了么"发布的2017年外卖订单量排行前三的菜品图。由该图可知，皮蛋瘦肉粥、香辣鸡腿堡和酸辣土豆丝上榜，且其订单量都在1800万单左右。

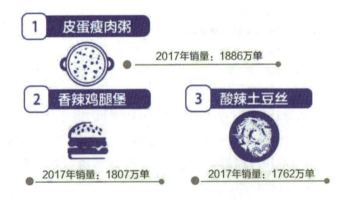

图2-19　2017年外卖订单量排行前三的菜品

这就说明一些常见的，而且价格也不是很高的菜品，往往更容易受到消费者的青睐。所以，商家在制定菜单时，不妨从大众需求出发，多为消费者提供一些消费得起的家常菜品。

除了订单量之外，商家在制定菜单时，还必须重点关注菜品的搜索次数。

图2-20为"饿了么"发布的2017年外卖菜品搜索次数排行榜。可以看到，炸鸡以9.8亿次搜索成为搜索率最高的菜品，而黄焖鸡和奶茶则分列菜品搜索排行榜第2、3名。

从这里可看出，很多消费者最初的想法是吃炸鸡或黄焖鸡，而饮料方面则比较中意奶茶。所以如果商家主要提供炸鸡、黄焖鸡和奶茶，可能更容易被消费者搜索到。

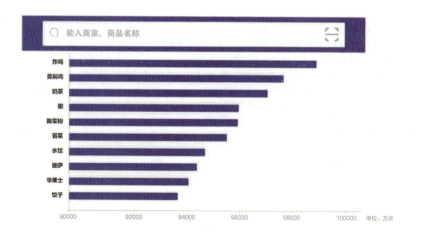

图 2-20　2017 年外卖菜品搜索次数排行图

而从各大菜系的交易增长情况来看，江浙菜交易增长幅度名列各菜系首位。这一方面说明江浙地区外卖消费能力强，另一方面也说明，江浙菜整体销售情况良好。图 2-21 所示为 2017 年各菜系交易额同比增幅排行图。

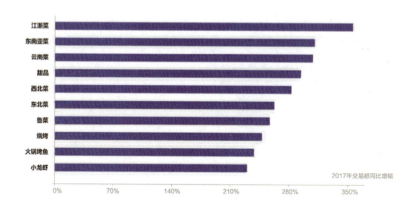

图 2-21　2017 年各菜系交易额同比增幅排行图

另外，不同的时节，消费者的需求也会出现一定的变化。下面分别从夏季和冬季介绍外卖菜品消费情况。

图 2-22 所示为"饿了么"发布的各菜系夏季平均订单增速排行图。从该图可以看出，江浙菜在夏季比较受消费者欢迎。这也与该菜系精致小巧、色彩鲜明的特点有关。大多数人在夏天的胃口可能并不是很好，但是看到高颜值的江浙菜之后，胃口自然也会好一些。

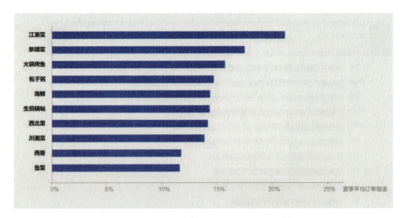

图 2-22　2017 年各菜系夏季平均订单增速排行图

图 2-23 所示为"饿了么"发布的各菜系冬季平均订单增速排行图。从该图中不难发现,东北菜和饺子馄饨在冬季更受消费者欢迎。这主要是因为东北菜通常更容易保温,且分量比较足。而在冬天能吃上一顿热乎乎的饱饭对许多人来说是一件非常幸福的事。

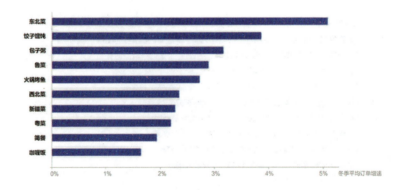

图 2-23　2017 年各菜系冬季平均订单增速排行图

所以,商家在制定菜单时,正确的策略应该是在保持主要菜品的同时,根据消费者的需求,适时进行一些调整。比如,夏季消费者通常会点一些比较爽口的开胃菜。对此,商家可以在夏季为消费者多提供一些凉菜,像凉拌海带丝、拍黄瓜和凉拌黑木耳等。

2.3.2　找准核心用户:提供更满意的菜品

在制定和调整菜单的过程中,商家始终要明白一点,那就是外卖要考虑的不只是将商品卖给更多人，更是要将商品卖给合适的人。而无论是要将商品卖给更多人，还是将商品卖给合适的人，都需要做好一项工作，那就是找准核心用户群体，为他们提供更满意的菜品。

当然，要想找准核心用户群体，并为其提供满意的菜品并不是一件容易的事。但是，商家可以通过以下三个步骤，让自己的商品逐渐合乎消费者的心意。

1. 找到核心用户：知道你的菜品卖给谁

每种菜品都有其特定的消费群体，只有找到核心用户才能知道市场对菜品的要求，才能根据市场的要求，有针对性地营销，更好地吸引目标消费者，从而增加店铺的曝光率。

之所以要找到核心用户，目的就是确立一个目标，知道商品是卖给什么样的人。找到核心用户之后，需要对这个群体进行画像，了解其消费习惯。当然，要想让菜品更合乎市场的需求，要做的不仅是找到核心用户群体，而是要找准核心用户群体。

2. 摸清用户需求：哪些人会喜欢和消费

找准用户群体之后，接下来商家需要做的就是通过用户画像摸清用户的需求。比如，用户喜欢什么样的口味，是偏辣的、偏淡的，还是偏甜的，用户可以接受的价格区间是什么样的等。并针对用户的主要需求，制定一份用户喜欢的，而又消费得起的菜单。

3. 自我调整完善：基于消费者的反馈

虽然根据用户的需求制定的菜单，基本能满足用户对菜品种类的需求，但是，商家需要知道的一点是，即便是同样的菜，不同的人吃到嘴里，感觉也是不一样的。而且，在菜品的制作和配送过程中可能会出现一些意外情况，使菜品的口味和外观出现一些变化。

因此，商家还需要适时根据消费者的反馈进行一些调整，让消费者吃到更满意的菜品。具体来说，商家可以重点查看消费者的差评内容，因为这其中很可能就包含菜品存在的最大问题。图2-24所示为部分消费者给出的差评内容。

虽然有一些消费者在评价时可能会无理取闹，但是，大部分消费者的评价还是比较中肯的。既然有一部分消费者给出差评，就说明菜品可能真的存在问题，商家还有需要改进的地方。

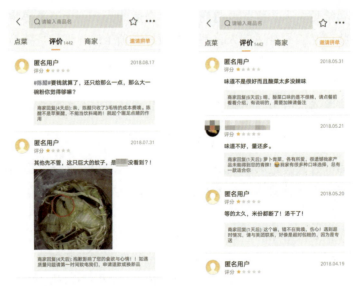

图 2-24　部分消费者给出的差评内容

专家提醒

对商家来说，消费者就是自己的衣食父母。虽然有时候消费者说的话不好听，但是，既然是做服务业的，就应该端正态度，为消费者提供更满意的菜品，而不应该用针锋相对的言语与消费者一争高下。

店铺的经营本身就是一个不断改进的过程，而且只有通过不断改进，店铺才能为消费者提供更好的服务。消费者给差评一方面是指出店铺的不足，另一方面也是为店铺的改进指明方向。一个聪明的商家要懂得从消费者的评价中找到店铺向前发展的动力。

2.3.3　做好菜品分析：市场需求 + 市场空缺

竞品简单地说就是互相竞争的、可以互相代替的同类商品。这个概念可以从广义和狭义两方面来分析，下面以外卖菜品为例分别进行解读。

广义竞品：大部分消费者之所以要买外卖，最重要的一个原因可能就是想填饱肚子。而外卖市场的大多数菜品都是可以达到填饱肚子的目的的。所以，从广义上来看，能够填饱肚子的所有菜品此时就互相成为竞品。

狭义竞品：虽然消费者买外卖是为了填饱肚子，但是，这也只是最基本的要求而已。可能消费者在下单之前，心中已经有了想要购买的菜品。比如，当消费者要购买煲仔饭时，煲仔饭之间就构成了竞品关系。而其他种类的菜品，因为消费者并没有购买需求，因此，也就不能将其称为煲仔饭的竞品。

相对来说，广义竞品所包含的菜品种类太多，商家想要研究清楚并不是一件容易的事。而且对于专门提供某一类菜品的店铺来说，研究广义的竞品也没有太大的意义。所以，本节更多的是以狭义的竞品关系来进行研究的。笔者认为，在做竞品分析的过程中，需要重点从以下两个方面进行分析。

1. 分析市场需求：哪种竞品更受欢迎

市场的需求就是商家制定菜单的风向标，只有看清风向，顺风而行才能更好地"赢销"。在做竞品分析的过程中同样也需要从市场的需求进行分析，看哪一种竞品更受消费者的欢迎。比如，同样是粉，商家可以选择重点做汤粉，还是重点做卤粉。此时，商家就可以围绕汤粉和卤粉做一个竞品分析。

做竞品分析的方法有很多，比较直接的一种方法就是在外卖平台中搜索菜品名称，看店铺的销售情况。图 2-25 所示为在同一外卖平台中搜索"汤粉"和"卤粉"的结果。

图 2-25　在同一外卖平台搜索"汤粉"和"卤粉"的结果

从图 2-25 中不难看出，笔者所在的位置，汤粉销售量最高的店铺，月销售量仅为 1728 单。而卤粉销售量排在前两位的店铺，月销售量却分别达到了 5898 单和 4489 单。

由此不难看出，在笔者所在位置的方圆几里内，卤粉比汤粉更受外卖消费者欢迎。之所以出现这种情况，可能是消费者更喜欢卤粉，也可能是因为卤粉便于配送。

其实，商家也无须再深究原因，因为做竞品分析就是要根据结果来做出选择。既然卤粉更受消费者欢迎，那么，商家如果要在网上开粉店，做卤粉店可能会比做汤粉店更具优势。

2．弥补市场空缺：抓住市场长尾需求

在制定菜单时，许多商家认为为市场提供需求量大的菜品，更容易获得市场的认可。而事实却往往是，一方面对于市场需求量明显的品类，商家们削尖了脑袋往里钻，造成同行间竞争日益激烈，而一部分实力不济的店铺只得关门；另一方面，因为商家都去提供市场需求量大的菜品，而有一定需求的，以及市场需求不太明显的菜品很少，甚至于没有商家可以提供，这就造成了市场需求长久得不到满足。

其实，相比于和众多商家竞争市场的主要需求，提供市场需求大，同类商家多的菜品，还不如抓住市场的长尾需求，重点提供有一定市场需求，但是市场却有所空缺的菜品。

图 2-26 所示为搜索"韩式烤肉"和"沙拉"的结果，可以看到，做这两类菜品的店铺，附近都只有一家，而且这两个店铺的月销售量都达到了数千单。这就说明，这两类菜品在该地区可能存在一定的市场空缺。如果商家选择做这两类菜品，可能更容易分得一杯羹。

图 2-26　搜索"韩式烤肉"和"沙拉"的结果

这就好比一个喜食湘菜的地区，可能很多商家会以提供湘菜为主。此时，如

果你还提供湘菜的话，就需要面对很大的竞争压力，要取得成功并不容易。但是如果提供川菜，虽然市场的总需求量没有湘菜那么大，但因为做川菜的商家比较少，所以，获得的订单数量可能反而要比做湘菜来得多。

因此，商家在制定菜单时，可以在外卖平台上查看各类菜品的销量情况，如果某一类菜品，做的店铺比较少，但是却有一定的销量，那么，做该品类的菜品很可能更容易获得成功。

2.4 进行自我分析，做好内部运营准备

不论是做任何事，要想获得成功都得做好内部准备和外部准备。在制定菜单的过程中，做用户定位和品类选择更多的是做外部准备。事实上，光做外部分析只能让你知道怎么做更容易获得成功。如果你不能做好自我定位，而去做一些自己根本做不好的事，那也是难以获得成功的。

因此，在制定菜单的过程中，商家还需要深入地进行自我分析，做好自我定位，明白自己能够提供的菜品有哪些，哪些菜品是适合做外卖的，怎样做可以让自己为消费者提供更满意的菜品。

2.4.1 有能力做哪些菜品

俗话说"术业有专攻"，一门技艺要想做到精通往往都需要一段时间的学习。这就导致我们可以掌握的技艺往往比较有限，做菜同样也是如此，每个人知道做，而又做得好的菜品相对来说是比较有限的。

作为一个商家，菜品就是商品，在给消费者列出商品清单之前，需要明白自己可以做哪些菜品，而不能为了商品的全面性，写一些根本做不出来的菜。那么，商家如何分析自己可以做哪些菜呢？这个问题主要可以从以下两个方面进行分析。

1. 自己有能力做出的菜品

对于一些商家来说，可能店面只有几十平方米，而自己又学过烹饪。在这种情况下，商家可能是肩负店铺店主和店铺厨师长两重身份。也正是因为有做厨师的经验，这部分商家有能力自己做出一些菜式，这些菜式就是能向消费者提供的菜品。

> **专家提醒**
>
> 虽然每个店主自己能做出的菜品不尽相同,也不是说只有店主自己能做出来的菜式才能作为菜品提供给消费者。但是,不能否认的一点是,如果店主自身有烹饪方面的经验,在外卖的口味方面会更有发言权,也有利于店铺创新菜品。而且很多店主也正是因为有烹饪经验,才做外卖这一行的。

2. 雇佣厨师做的菜品

对于大多数外卖店铺来说,只靠店主自己动手做的菜品还不足以组成店铺的菜品。这主要有两方面的原因。首先,店主自己能做出的菜品可能比较少,如果只是提供这些菜品,消费者的选择空间相对比较狭窄,而菜品对消费者的整体吸引力也相对较弱。其次,即便店主自己会做一些菜品,但是,店主作为店铺的管理者,日常事务比较多,可能并没有太多时间用于做菜。而且如果是一家销量较高的店铺,单靠店主自己做菜,那么出餐速度很可能跟不上消费者的需求。

所以,但凡规模稍大一些、销量高一些的店铺,一般都会雇佣厨师。对于这些雇佣厨师的店铺来说,厨师能够做出来的菜式,也就成了店铺能够为消费者提供的菜品。

当然,雇佣厨师是外卖店铺发展过程中必然要经历的一件事情,但是,即便是雇佣厨师,店主也需要根据自身的需求来决定。如果店主只是单纯地雇佣一些可以按照菜单做菜的人,只需雇佣一般的厨师,甚至一些懂得做菜的人就可以了。这样也可以节省雇佣大厨所需的费用。

如果店主要打造特色外卖店铺,立志为消费者提供一些特色菜品的话,就需要雇佣具有一定实力的、敢于创新的厨师。而此时店主在选择厨师时不应该过分地"向钱看",而应该"向前看"。

> **专家提醒**
>
> 随着消费者能选择的菜品越来越多,商家在制定菜单时,不应一味地追求菜品样式的全面。因为店铺的菜品再多,也不可能超过其他店铺所能提供的菜品的总和。更为关键的一点是,消费者最终决定在某个店铺下单,可能并不是因为店铺的菜品多,而是店铺中有他(她)特别想吃的菜品。
>
> 商家在做自我定位时,应该重点考虑自己能提供的菜品中,有哪些菜品能够吸引消费者,如何让这些菜品对消费者更具吸引力。

2.4.2 什么菜品适合外卖

外卖实际上就是把线下餐厅搬到线上，这看似只是运营渠道的转移，但是伴随而来的却是新的生存规则。在线下做餐厅，只要菜的味道好，消费者会愿意排队等候，甚至于等很久才吃上，也会觉得等得值，还会推荐朋友来店消费。

而这样的情况在外卖行业是很难出现的。很多消费者之所以点外卖就是想要快点填饱肚子。如果店铺送餐时间较长、送餐超时，即便味道不错，一部分消费者仍会给差评。更何况在送餐时间较长的情况下，菜品的味道通常是很难保证的。

因此，针对消费者的需求痛点，商家在制定菜单时还需重点考虑哪些菜品适合用来做外卖。一般来说，商家应考虑以下两个衡量要素。

1．考虑菜品的资金成本

因为每种菜品的制作原料都不相同，制作工艺也存在一些差距，所以，其生产的资金成本也会不同。而商家做外卖肯定是不能做亏本生意的，因此，菜品的定价必然会高于其生产的资金成本。

商家需要明白的一点是，消费者在购买外卖时，都会有一定的价格承受极限。如果菜品定价超过了这个极限，消费者可能看到价格就望而却步了。这样一来，店铺要想获得较高的订单量就比较难了。

当然，商家也可以控制自身的利润，以相对较低的价格进行薄利多销。但是，这又怎么比得上选择一些生产价格相对较低的菜品，从源头上控制菜品的生产成本呢？更何况，选择生产成本相对较低的菜品，不但消费者愿意购买，商家也不必为了刺激消费而故意压低价格。

2．考虑菜品的时间成本

外卖是一个与时间赛跑的行业，一方面，消费者点外卖就是为了在较短时间内能饱腹；另一方面，对商家来说时间就是金钱，要想多赚钱就要抓紧时间，保证出餐速度。而决定菜品出餐速度的，除了生产条件和生产水平之外，影响最大的就是菜品制作所需的时间。当然，这里的制作时间，并不是指菜品从原料到烹饪完成所需的时间，而是指现烹时间，也就是从接单到出餐所需的时间。也就是说，做好所有的准备工作后，只需完成一些烹饪工作，在接到订单之后，多久可以出餐。这个时间成本对店铺来说非常重要，因为在下单高峰期，商家的订单量多，如果现烹时间过长，商家的出单效率就会受到影响。

因此，商家在制定菜单时，一定要充分考虑各菜品所需的生产时间成本。如果一个菜品需要的现烹时间过长，那么该菜品就不适合作为外卖菜品提供给消费者。

2.4.3 学习研发新的菜品

商家制作菜单的目的不仅是要向消费者展示可以提供的菜品，更关键的是通过菜品的展示，吸引消费者下单购买。对于大部分消费者来说，即便商家的菜品味道再好，如果长期提供一样的菜品，消费者也会慢慢地失去购买的兴趣。

所以，为了增加可提供的菜品数量，也为了增强整个菜单对消费者的吸引力，商家还需要积极进行新菜品的研发。通常来说，在新菜品的研发过程中，主要有两条思路可供参考，具体如下。

1. 思路1：多学习做自己不会的菜品

外卖行业处处都是竞争，同类店铺之间尤其如此。很多时候消费者在面对同类店铺时，重点会看哪个店铺能提供他（她）感兴趣的菜品。在这种情况下，那些没有消费者感兴趣的菜品的店铺相对来说就处于下风了。为了避免这种情况，商家一定要努力学习，制作更多的菜品，丰富菜单。

比如，商家可能会做炒土豆片，却不知道如何做地三鲜，但是同类店铺中地三鲜的销量却很高。此时，商家就需要学习做地三鲜。这不仅可以增加菜品，更关键的一点在于，通过该菜品，商家可能会吸引一批消费者。

2. 思路2：多创新别人不会做的菜品

相对来说，学会制作他人的菜品，只是在菜单上增加了一些其他商家也能提供的菜品而已。这对于你的店铺来说是新菜品，但对于其他店铺来说却未必是。所以，在开发新菜品上，光做到这一点还是很不够的。那怎么办呢？笔者认为开发新菜品的核心在于勇于创新，做出别人不会的菜品。毕竟很多消费者在订外卖的过程中，或多或少会有一些尝鲜的心里。如果你能够提供他人提供不了的菜品，那么就相当于垄断了该菜品的市场，这样一来，便可以获得大量尝鲜订单。

第 3 章

平台正确运营：制定策略成就外卖创业

学前提示

外卖创业和转型，并没有想象中那么简单，小到选址、顾客群和开店，大到选择行业种类和行业风向等，都需要制定正确的策略。

本章主要介绍外卖平台运营的相关技巧，帮助读者掌握经营一家外卖店铺的所有流程。

- 平台入驻：轻松开一家外卖店铺
- 店铺装修：帮助新店快速获取流量
- 菜品菜单：设计得好才能吸引消费者
- 店铺管理：实现店铺更好、更快创收

外卖运营实战从入门到精通

3.1 平台入驻：轻松开一家外卖店铺

随着外卖行业的火爆，越来越多的人加入外卖大军中，但很多人却不清楚如何开店或者不会注册。本节将为大家介绍具有代表性的外卖平台，并以美团外卖为例介绍在外卖平台上的注册开店流程及准备工作，帮助大家轻松开一家外卖店铺。

3.1.1 4个外卖平台：展开合作，实现预期营销目标

餐饮企业或商家要想利用第三方平台进行营销，首先需要了解不同的外卖团购平台的优势与特点，才能结合自身的实际情况，选择合适的外卖团购平台合作，达到预期的营销目标。本节主要介绍不同类型的外卖团购平台的特点与优势。

1. 美团外卖——"送啥都快"

美团外卖于2013年11月上线，总部位于北京。虽然诞生不过4年多，但是，截至2018年7月底，该平台入驻商家已达200万，在超过1600个城市开设站点，注册用户达2.7亿。

正是因为发展迅速、实力强劲，美团外卖已然成为国内外卖行业的领头品牌。根据国家信息中心发布的《中国共享经济发展年度报告(2018)》相关数据，2017年美团外卖国内市场份额排在第一位。

可能在大多数人的印象中，外卖主要是指一些菜品的外送服务。而经过几年的发展，美团已经细分出美食、美团超市、生鲜果蔬和美团专送等服务品类。

消费者点外卖比较关注的一个问题就是送餐速度，而美团外卖便是将速度作为卖点。美团外卖因为有着自己的骑手队伍，最快可以在30分钟内将外卖送到消费者手中，其送餐速度确实也是比较快的。

2. 饿了么——外卖"30分钟到家"

饿了么是一个于2008年创立的生活服务平台，作为出现较早的外卖平台，其获得了长足的发展。截至2018年7月，饿了么入驻的商家超过130万，覆盖全国2000个城市，累计用户达2.6亿。国家信息中心发布的《中国共享经济发展年度报告(2018)》显示，饿了么2017年以仅次于美团外卖的市场份额成为外卖行业的第二大平台。

当然，《中国共享经济发展年度报告(2018)》仅是对2017年的数据进行统计，而2017年8月对百度外卖进行收购，以及2018年4月被阿里巴巴收购之后，饿

了么得以快速发展，甚至有数据显示，饿了么的品牌渗透率和市场份额已隐隐超过美团外卖。

和美团外卖相同，饿了么同样为消费者提供了多种消费品类，包括美食、早餐、商超便利和果蔬生鲜等品类。

一个外卖平台，除了商家数量和服务品质之外，最能吸引消费者的就是优惠力度了。而饿了么不仅有大额的满减优惠，更重要的是还设有一些类似于特卖的板块。

另外，收购百度外卖以及被阿里巴巴收购，也为饿了么的发展提供了更多契机。比如，在"支付宝"APP中便直接为"饿了么"APP提供了入口。除此之外，在百度外卖和口碑外卖中也为饿了么的发展提供了有利条件，这一点在后面两小节中将分别进行说明。

3. 百度外卖——注重品质与安全

百度外卖是百度在2014年推出的一个外卖服务平台，2017年该平台以仅次于美团外卖和饿了么的市场份额，与美团外卖和饿了么形成三足鼎立的局面。

2017年8月百度外卖被饿了么收购，从此，该平台更多的是为饿了么服务，消费者也逐渐由该平台转向饿了么。不仅是消费者，就连商家入驻也发生了转移。图3-1所示为百度外卖的官网默认页面，如果商家单击页面中的"商户入驻"按钮，跳转的不是百度外卖的商家入驻页面，而是如图3-2所示的饿了么商家入驻页面。

图3-1 百度外卖官网默认页面

图3-2 "饿了么"商家入驻页面

对于饿了么外卖平台来说，收购百度外卖可以将两个平台的资源进行整合，寻求更多可能。但是，对于百度外卖来说，只能是丧失领先地位，这一点从百度外卖中商家的订单量便可看出一二。

4．口碑外卖——尽享美食与优惠

口碑外卖是由阿里巴巴和蚂蚁金服整合双方资源之后，在2015年创立的一个生活服务平台。2018年4月收购饿了么之后，口碑外卖直接为饿了么提供了入口。也正是因为"饿了么外卖"入口的存在，"口碑"中没有再提供其他的外卖板块。当然，消费者也可以在"口碑"的其他板块中进行在线消费。

3.1.2 平台入驻流程：5个流程快速加入外卖平台

如果商家用户想让消费者通过外卖APP在店内消费，则只需要加入外卖平台即可。那么外卖平台入驻的基本流程是什么？下面就为大家介绍一下，如图3-3所示。

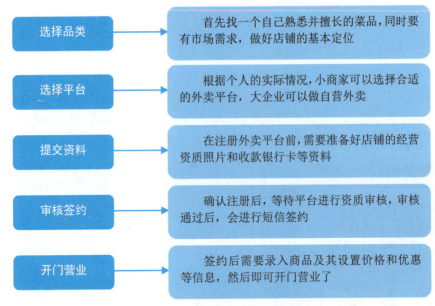

图3-3 外卖开店的基本流程

当然，如果是选择平台入驻，不同的平台对于入驻商家有一些特殊的要求。下面介绍"美团外卖"和"饿了么"平台的条件，如表3-1所示。

表 3-1 外卖平台的开店要求

外卖平台	实体店铺	开店要求
饿了么	需要有线下实体店铺	需要准备门脸照片、店内照片、门店 LOGO、身份证照片、营业执照、餐饮许可证
美团外卖	需要有线下实体店铺	提供符合国家法律规定的经营许可证照，包括但不限于营业执照、各类许可证以及特许证件等。支持的品类范围包括：餐饮美食、甜品饮品、鲜花绿植、生活超市以及生鲜果蔬

3.1.3 平台入驻准备：心理准备和资金准备是必需

了解基本的外卖开店流程后，有意向的用户就可以着手开店的准备工作了。首先要做好心理准备和资金准备，如图 3-4 所示。

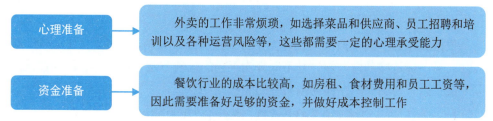

图 3-4 外卖开店的心理准备和资金准备

除此之外，外卖开店还需要注意以下事项。

1. 店铺选址：考虑线上线下人流量

现在开外卖店铺都需要有线下实体店，实体店的选址尤为重要。如果地址选择得不好，就会影响商铺的运营，甚至导致大量的亏损。因此，初入餐饮行业的创业者在开店之前，首先要对不同地段的优势和不足进行详细分析，从而找准最具营销优势的餐饮外卖旺铺。

在选择门店地址时，首先需要对这一地段的人流量进行预估，并且判断所在商圈的主要消费群体是否与自身的品牌定位、目标消费人群定位一致。除此之外，店铺的开业成本以及经营成本等也是在店铺选址时需要考虑的问题。商家可以使用一些专业的大数据选址工具来帮忙，让店铺选址更加精确。

2. 店铺装修：尽量以简单实用为主

外卖实体店铺对于装修的要求并不高，尤其是那些以"纯外卖"业务为主的店铺。装修时尽量以简单实用为主，同时要保持店铺、厨房和门头干净整洁。在店铺内部，厨房操作台和食材仓库等位置的设计，需要方便厨师和员工的操作管理，提升出菜效率，具体的装修方案可以跟厨师进行沟通和调整。

3. 组建团队：根据实际订单来调整

团队组建对于外卖创业来说非常重要。人员配置通常调度为1～2人，送餐人员为2～5人，可根据实际订单量来调整。另外，手机、电脑和电瓶车等工具也必不可少。

同时要注意配送人员的培训，其外表要保持干净整洁，给顾客留下好印象，出现问题要及时和顾客沟通。另外，还要制定好团队的奖罚制度，做到多劳多得。

3.1.4　两种入驻方式：PC 端入驻 + 移动端入驻

根据载体的不同，商家入驻外卖平台大致可以分为两种方式，一种是 PC 端入驻，另一种是移动端入驻，且不同外卖平台的入驻方法可能不尽相同。在此，以"饿了么"为例介绍在移动端入驻的流程。

步骤 01　进入"饿了么"APP 首页，❶点击"我的"按钮，进入"我的"页面；❷在该页面上点击"加盟合作"按钮，如图 3-5 所示。进入"加盟合作"页面，❸点击"商家入驻"右侧的"立即申请"按钮，如图 3-6 所示。

图 3-5　"我的"页面

图 3-6　"加盟合作"页面

步骤 02 执行操作后,进入"饿了么-开店申请"页面,点击"门店地址"后面的方框弹出相应窗格,❶设置店铺所在的城市;设置完成后,❷点击"确定"按钮,如图3-7所示。进入相应页面,❸点击页面中的"我要开店"按钮,如图3-8所示。

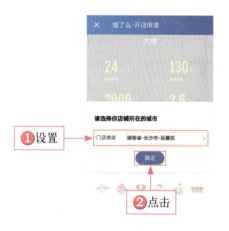

图3-7 设置店铺所在的城市　　　　图3-8 点击"我要开店"按钮

步骤 03 进入"下载中心"页面,❶点击"下载安装"按钮下载"饿了么商家版"APP,如图3-9所示。"饿了么商家版"APP下载并安装完成后,进入如图3-10所示的登录页面,❷点击右上角的"我要开店"按钮。接下来重复步骤02的操作。

图3-9 "下载中心"页面　　　　图3-10 "饿了么商家版"登录页面

步骤 04 执行操作后，进入如图 3-11 所示的"饿了么 - 开店申请"页面，❶点击下方的"准备好了，申请开店"按钮；进入如图 3-12 所示的"门店信息"页面，根据要求填写相关信息；填写完成后，❷点击下方的"下一步"按钮。

图 3-11　"饿了么 - 开店申请"页面　　　图 3-12　"门店信息"页面

步骤 05 店铺信息填写完成后，商家只需根据提示操作即可提交入驻申请。接下来只需等待审核结果即可。

3.2　店铺装修：帮助新店快速获取流量

打造良好的品牌形象，充分发挥品牌效应，对于一个外卖企业或店铺来讲非常重要。在经营外卖店铺时，商家也应注重视觉设计和文案优化，打造最佳的视觉效果，增加品牌的记忆点，从而提高消费者对自身品牌的认知度与关注度。这一点对于新开店的商家来说尤为重要，可以帮助新店快速获得流量。

3.2.1　设置店名：要综合多方面来考虑

店名是一个企业的核心标志之一，如人名一样，彰显着企业和商铺的形象。餐饮外卖行业因为经营品类众多，所以店名也不尽相同。外卖店名一旦确定，一般情况下很少会发生变动。因此，在取名时就要从长远的角度看，要综合考虑多方面的因素。

在为外卖店铺取名时，要考虑到自身品牌的定位，注重凸显品牌特色。另外，选择外卖店名时应该遵循易读、易记的原则，过于生僻拗口的店名不利于消费者的记忆，不利于品牌认知度的提升。

外卖店名的选取也有一定技巧，好的店名对于品牌的推广、产品的营销具有重要意义。因此，掌握一定的店铺取名技巧对于餐饮管理新手来说很有必要。下面就为大家讲解取名的相关知识点。

1. 以姓氏或名字取名，备受青睐

餐饮行业历史悠久，以姓氏或名字取名早已司空见惯，如"王嫂干锅鸡""郑家碳烤鱼"等。那么这一取名方式为何流传至今还备受广大餐饮商家的青睐呢？一方面是由于用姓氏或名字作为品牌名称具有鲜明的个性化特征，能够突出品牌的独特风格；另一方面，这类品牌名称具有简单直接的特点，能使消费者产生熟悉感，从而更容易获得消费者的认可。

2. 名称中融入喜庆、吉祥主题

我国是礼仪之邦，素来青睐吉祥如意的美好事物。以喜庆、吉祥为主题的命名能有效地激发消费者内心的美好向往。这样的命名方式符合中国人的思维习惯，更容易赢得消费者的好感。图3-13所示的"九福吉卤粉"店名中，就包括"九""福""吉"3个表示吉祥的字，好听又吉利，好生意从好店名开始。

3. 名称中融入有特殊含义的数字

一些商家将数字融入店铺的名字中，一般较多使用的数字是1到10，如上面的"九福吉卤粉"。在外卖店名中融入数字，简单易记，增加了消费者对品牌的记忆点。一般而言，在店名中选择的数字会被赋予特殊的含义。因此，外卖创业者如果要在店名中融入数字，可以选择一个与品牌定位、管理理念等有关联的数字。

由于数字具有易记、好读的特点，因此外卖市场上不少餐饮品牌中都融入了数字。图3-14所示为"一盏粥"外卖门店招牌。之所以取名"一盏粥"，是因为该店铺外卖的食物主打粥品，包括养生粥、美颜粥等品类中的多款粥品，并以闲居为主题，创造出符合不同消费者需求的商品。

图 3-13 "九福吉卤粉"外卖店铺

图 3-14 "一盏粥"外卖店铺

4．典雅意境店名，利于后期宣传

现代人对事物的审美逐渐趋于古典、雅致、诗意，在取名时不妨往这方面靠拢，但一定要切记不能完全脱离自己经营的行业，最起码要有直接的关联。

此类取名方式，在餐饮行业应用较多，如品牌餐饮"尚滋味"、牛奶产品"牧羊人"以及夜宵商铺"以诗下酒"等。这类名字念起来有滋有味，活色生香，更有利于后期的品牌宣传，商家可在这上面多花点心思。

3.2.2 设置招牌：要新颖和易于传播

外卖店招，顾名思义，就是店铺的招牌。从外卖商品的品牌推广来看，要想让店招变得便于记忆，店招需要具备新颖、易于传播等特点。如大家熟悉的"香他她煲仔饭"的店招，采用的是门店内的一个"香"字顶灯设计，体现了品牌特色，如图 3-15 所示。

店招通常位于外卖店铺首页的最顶端，它的作用与实体店铺的店招相同，是大部分消费者最先了解和接触的信息。店招是店铺的标志，大部分都是由产品图片、宣传语言以及店铺名称等组成，漂亮的店招与签名可以吸引顾客进入店铺。

一个好的店招设计，除了可以给人传达明确信息外，还可以在方寸之间表现出深刻的精神内涵和艺术感染力，给人以静谧、柔和、饱满以及和谐的感觉。要做到这些，在设计店招时需要遵循一定的设计原则和要求，通常要求有标准的颜色和字体、简洁的设计版面，还需要有一句能够吸引消费者的广告语。另外，画面还需要具备强烈的视觉冲击力，清晰地告诉顾客你在卖什么，通过店招也可以看出外卖店铺的装修风格。

图 3-15 "香他她煲仔饭"外卖店铺的店招

3.2.3 设置 LOGO：提高对品牌的认知度

外卖店的 LOGO 是消费者首先能看到、感受到的标志，商家在设计 LOGO 时要体现品牌特色，注重品牌记忆点的打造，以便于消费者对品牌的记忆，并提高消费者对品牌的认知度。

外卖商家在设计品牌 LOGO 时，为了打造出最佳的视觉效果，应遵循一定的设计原则。下面以图解的形式介绍餐饮企业在设计品牌 LOGO 时应遵循的原则，如图 3-16 所示。

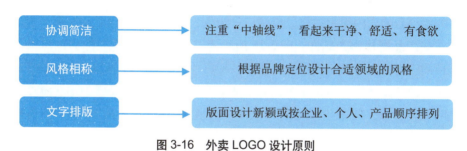

图 3-16 外卖 LOGO 设计原则

LOGO 设计的水准决定了消费者对餐饮店的第一印象，好的餐饮 LOGO 能充分体现餐饮企业的独特文化与风格定位，增加品牌的辨识度。另外，需要注意的是，简单协调的 LOGO 设计原则不是说越简单越好，它的重点应该是从视觉上让人觉得协调，且容易记住。图 3-17 所示为"绿叶水果"的品牌 LOGO，其特点是用绿色和橙色打造一个鲜明的水果形象，并在水果左侧以半包围的形式描绘出绿叶形状，很好地突出了"绿叶"这一品牌标识，看起来简洁又协调。

图 3-17　"绿叶水果" LOGO 案例

3.2.4　设置海报：宣传信息定要一眼看到

不管是"美团外卖"还是"饿了么"，商家都可以设计一些精美的店内海报来进行活动宣传。它们通常位于店招和 LOGO 下方，位置比较突出，当消费者进入店铺后，一眼便可以看到这些活动信息，不仅可以提升商家活动的曝光率和点击率，而且能调动消费者的积极性，让他们买到更加实惠的餐品。

外卖平台的店内海报主要以横幅广告为主，内容则主要以活动文案为主，并加上一些产品图片作为辅助。图 3-18 所示为"骨噜噜辣骨饭"的店内海报，用三张横幅广告组合设计，展现出自身产品特色。

除了创意设计外，海报还应该展现活动的优惠信息，这是吸引消费者点击和下单的关键所在。图 3-19 所示为"松桂坊腊味煲仔饭（××店）"的店内海报，通过横幅广告设计展现出产品的折扣优惠信息。

图 3-18 "骨噜噜辣骨饭"的店内海报

图 3-19 海报展示活动优惠信息

3.3 菜品菜单：设计得好才能吸引消费者

菜品图片和菜单设计作为视觉营销过程中必不可少的一个环节，是店铺在进行视觉设计时必须考虑的问题。其中，菜品图片拍摄得好坏将影响最终呈现在消费者面前的视觉效果。而菜单设计是否吸睛，决定着是否能引导用户消费和提升店铺销售额。

3.3.1 菜单分类：数量要限制在一定范围内

无论是线上还是线下，餐饮商家的菜单都会进行分类，它可以引导消费者更快捷地找到需要的商品。特别是在线上，当一家店铺的菜品太多时，如果不分类，不仅会让店铺看起来比较繁杂，且当消费者一屏屏翻动寻找需要的菜品时，不仅会增加消费者的时间成本，还会让其产生厌烦心理，从而极有可能放弃下单。

可见，对菜单进行分类是很有必要的。说到这里，可能有人会问：是不是菜单分类越多，消费者越能更快找到需要的菜品，其营销效果也会越好？其实不然。在笔者看来，菜单分类数量需要限制在一定范围内，这样才能确保不会因菜单设计不当而影响店铺的销售额。其原因分析如图3-20所示。

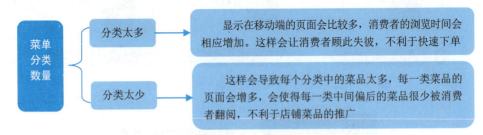

图 3-20 菜单分类数量的影响

专家提醒

之所以说一个包含众多菜品的分类中，其中间偏后的菜品很少被消费者翻阅，原因就在于消费者从前面翻阅到中间就没有耐心再看下去，这样就会选择另一类，而在另一类上方呈现的是前一类中居于后方的菜品，若向上翻动，也能被消费者看到。

一般来说，在"美团外卖"和"饿了么"APP的"点菜"或"点餐"页面，消费者手机上一屏可以展示8～10个分类标签。而对消费者来说，店铺菜单分类标签最好在两屏内能展示完，这样便于消费者记忆和寻找需要的菜品。因此，外卖店铺的菜单设计一般在20个以内。如果在数量上还可以精简的话，一般6～15个分类最合适。

3.3.2 分类名称：注意限制字数才利于记忆

在设计外卖店铺菜单时，为了便于记忆，除了要在菜单分类标签的数量上有所限制外，在菜单分类名称上也应该注意限制字数。否则，不仅不利于消费者记忆，还会因为名称过长而显示不全——没有显示出来的字以居下的"…"表示。

例如，在"美团外卖"APP上，一个分类标签如果不能在两行内完全显示出来，那么，就会出现"…"符号，如图3-21所示。也就是说，不管该分类名称用什么表示，如汉字、英文、符号等，只要是在两行以内即可。

当然，分类名称所包含的内容形式不同，那么即使字符长度相同，在APP上基于排版问题也会呈现出不同的结果。举例来说，一个名称为"砂锅米线/红薯粉"的分类标签，其字符长度其实没有由8个纯汉字组成的分类标签长，但在"美团外卖"APP上，"砂锅米线/红薯粉"这一分类标签却不能完整显示，如图3-22所示。

图3-21 用…取代不能完整显示的分类名称　　图3-22 包含符号的分类名称显示效果

相较于"美团外卖"APP而言，"饿了么"APP上的分类名称能显示的字符长度明显更多，它一般能显示由12个纯汉字组成的分类名称，也就是3行。其包含其他文字、符号的显示效果与"美团外卖"APP类似。图3-23所示为"饿了么"APP上的分类名称显示不完整的案例。

图3-23　"饿了么"APP上的分类名称不能完整显示的案例

可见，要想让菜单分类名称完全显示，不影响消费者阅读，在设置菜单分类名称时要控制字数。虽然在"饿了么"APP上分类名称能显示的字数更多，但在笔者看来，无论是"饿了么"APP还是"美团外卖"APP，菜单分类名称的字数最好控制在6个字以内。只有这样的设置效果，才会带给消费者更好的体验。

3.3.3 菜单加分项：要设置展示与互动入口

消费者在订餐的时候会发现，在一些店铺的菜单分类中，除了一些展示菜品的分类，还有其他一些分类，包括各种各样的内容——凡是能起到提升外卖店铺形象、增加消费者了解和互动等作用的内容都可以以菜品的形式展现在相应的分类中。

图 3-24 所示为一家名为"古锅鲜炒肉·现炒小碗菜（××店）"的餐饮外卖店铺设置的菜单分类。在其菜单分类中，不仅有介绍与该店铺相关的品牌文化的分类标签，还有指导用户下单和相关提示的分类标签。

图 3-24 "古锅鲜炒肉·现炒小碗菜（××店）"的餐饮外卖店铺设置的菜单分类

在图 3-24 的菜单分类中，其中"古锅文化"介绍的是古锅美食文化的历史和渊源，有利于消费者更好地了解这一餐饮品牌和提升品牌形象，而"点餐指南"和"温馨提示"更是不可缺少，不仅可以指导消费者如何点餐才能更省钱，还对订餐过程中可能遇到的一些问题进行了说明。这样的做法，在获取消费者好感的同时还能最大限度地减少店铺的差评，引导消费者好评。

图 3-25 所示为一家名为"叫了只炸鸡（××店）"的餐饮外卖店铺设置的菜单分类。在其菜单分类中，"吃鸡必看"和"全国连锁"主动向用户展示部分店面情况、健康食材和品牌情况，增进用户对店面了解的同时，让用户对品牌更加信任。

图 3-25　"叫了只炸鸡（××店）"的餐饮外卖店铺设置的菜单分类

3.3.4　菜品排序：要求分清主次、重点突出

上面介绍了外卖菜单在分类上的各个要点，外卖商家只要遵循这些设计要点，就在大体方向上对菜单设置有了把握。接下来将从菜品设计的细节着手，为餐饮商家和运营者介绍如何设置出吸引和推动消费者下单的菜品。下面先来介绍菜品的排序规则。

在翻动外卖菜单的时候会发现，各个店铺的菜单中的菜品并不是胡乱排列的，而是在遵循"主次分明、重点突出"规则的基础上进行的排列。也就是说，在设计菜品时，应该把店铺的主打菜品和招牌菜品放在最前面，或者可以基于重点推出新品的目的把新品放在最前面，如图 3-26 所示。

图 3-26　"主次分明、重点突出"的菜品设计规则

外卖运营实战从入门到精通

通过置于前面的招牌菜品和新品，消费者可能已经对该店铺的菜品特点和特色有了一定的了解。在这样的情况下，为了提升店铺的盈利水平，还可以紧邻招牌菜品和新品推出有着获利高的菜品，如图3-27所示。

图 3-27 紧邻招牌菜品推出获利高的菜品

专家提醒

一般来说，外卖商家还会在点餐页面的店内海报下方、菜单分类上方以"商家推荐""招牌美味"等方式重点推出一些新品和招牌菜品。图3-28所示为与图3-26相对应的外卖店铺的美食推荐。

图 3-28 外卖店铺"美食推荐"区域推出的一些新品和招牌菜品

3.3.5 菜品名称：3个条件打造吸睛菜品名称

前面介绍了菜单分类名称在字数上的要求，下面将介绍设置菜品名称的要求。一般来说，吸睛的菜品名称需要具备3个条件，具体如图3-29所示。

关于图3-29中提及的3个条件，前两个是根本，吸睛菜品名称的创新性和趣味性必须建立在前面两个条件已经具备的基础上。而菜品名称的创新性和趣味性又是吸引用户查看和促使用户下单的重要因素。

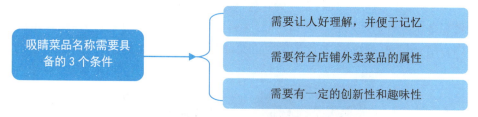

图3-29 吸睛菜品名称需要具备的3个条件

图3-30所示为吸睛菜品名称案例。从图中可看出，这3个菜品名称还是非常具有创新性和趣味性的——商家通过把菜品情感化来深化消费者对其的认识，并轻松地营造了一种场景感，更容易让消费者了解和青睐。

图3-30 吸睛菜品名称案例

3.3.6 菜品描述：用心才能吸引消费者下单

有些外卖商家认为，给菜品取一个名字就可以了，没有必要再添加描述。其实，要想让消费者进一步了解菜品并下单，那么对菜品进行巧妙描述，为菜品加分，让消费者了解和放心是非常有必要的。一般来说，外卖店铺的菜品描述主要分为3类，具体如图3-31所示。

外卖运营实战从入门到精通

图 3-31　外卖店铺的菜品描述的内容分类

图 3-31 中介绍的 3 种内容分类，其实在菜品描述中可能并不是单一存在的，而是包含了多种描述内容。例如，把介绍食材、烹饪方法的内容与描述菜品口味的内容结合起来，就是一种比较常见的菜品描述方法，如图 3-32 所示。

图 3-32　介绍食材、烹饪方法的内容与描述菜品口味的内容结合

3.3.7　菜品规格：多种规格便于消费者选择

大家都知道，不同的人口味是不一样的，这就要求外卖商家在设计菜品时需要对其进行说明，以便消费者放心选择。例如，若一个菜品是比较辣的，但是无论是菜品描述还是菜品图片上都没有做出相关说明，那么如果口味清淡或暂时不适合吃辣的消费者选择该菜品下单，那么想要获得消费者好评是很难的。

商家可以针对不同消费者设置不同属性的菜品，这样才能打造出更符合消费者需求的菜品，也才有可能让消费者对菜品满意。

具体说来，菜品的属性主要包括两个方面，一是从口味方面来说，人们常说的"辣"这一口味就可分为不辣、微辣、中辣和特辣等，"甜"这一口味也有甜、不甜之分，如图 3-33 所示。

图 3-33 菜品口味选择的设置

二是从规格方面来说，在体积方面有大小之分和具体尺寸，在数量上有个、份等，在浓稠程度上有稀、稠，等等，这些都需要外卖商家在设置菜品时加以说明并为消费者提供多种选择，如图 3-34 所示。

图 3-34 菜品规格选择的设置

3.3.8 菜品图片：色香味俱全带来视觉冲击

外卖行业的菜品图片都须具备"色香味"条件。这里所说的"色香味"并不是指图片本身需要散发气味，而是指一张成功的商品图片除了要能给消费者带来强烈的视觉冲击外，还应使消费者通过视觉产生联想，从而引发嗅觉、味觉等多种感官感受，呈现良好的产品视觉效果，以此来刺激消费者产生消费的欲望，如

图 3-35 所示。

图 3-35　色香味俱全的菜品图片

3.3.9　文化宣传：做到位，引发消费者的好奇心

关于文化宣传，更是不能忽略。特别是对于店铺的主打菜系，无论是产品本身的悠久历史，还是品牌背后存在的故事，都需要商家用心打造。一款菜品被赋予文化价值以后所带来的历史厚重感，会极大地增加消费者对商品的信任度，并且会引起消费者的好奇心理。例如，"蝶恋花""绛红唇""相见欢"以及"念奴娇"等，如图 3-36 所示。

图 3-36　赋予文化气质的菜品名称和图片

3.3.10 菜品设计：6 种方法体现菜品价值

在广告宣传中产品价值是重中之重，现在的消费者对吃越来越讲究，他们除了关注菜品的价格外，还关注菜品的价值。因此，菜品的宣传需要体现其价值，才能向消费者传递商品的重要信息，凸显产品的卖点，达到预期的营销效果。下面以图解的形式详细归纳外卖业在设计菜品时的方向和方法，如图 3-37 所示。

图 3-37 外卖行业菜品设计方法

3.4 店铺管理：实现店铺更好、更快创收

外卖店铺的运营者在完成平台入驻、店铺装修以及菜品和菜单设计后，平时还需要对店铺进行管理，这样才能让外卖店铺更好、更快地创收。

3.4.1 菜品上传：登录"开店宝"完成操作

商家登录"开店宝"之后，便可以对店铺中的相关内容进行管理。比如，可以进行商品上传操作。具体来说，商家可以通过如下步骤，在"开店宝"中上传商品。

步骤 01 登录"开店宝"，❶单击左侧菜单栏中的"业务管理"选项，进入"团购项目"页面；仔细查看团购项目的相关信息，❷单击"创建团购项目"按钮，如图 3-38 所示。执行操作后，进入"选择项目品类"页面，❸选择菜品品类；❹单击"确认"按钮，如图 3-39 所示。

外卖运营实战从入门到精通

图 3-38 "团购项目"页面

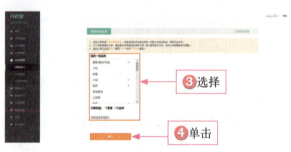

图 3-39 "选择项目品类"页面

步骤 02 执行操作后，进入"适用门店"页面，如图 3-40 所示，单击"添加门店"按钮，并编辑"适用门店""套餐信息""购买须知"和"结算信息"等内容。根据提示操作即可完成菜品的上传。

图 3-40 "适用门店"页面

3.4.2 订单管理：将相关板块放在显眼位置

衡量一个店铺最直接的标准就是订单数量。因此，大多数外卖平台的后台都将订单管理的相关板块放置在显眼位置。比如，在"开店宝"后台便将"订单管理"放在了左侧菜单栏的第二项。图 3-41 所示为"订单管理"的相关页面。在该页面中，商家可以查看待处理订单和全部订单情况。

图 3-41　"订单管理"界面

当然，除了"订单管理"之外，商家还可以通过其他板块查看店铺的相关信息。比如，在"营销中心"板块中，商家可以查看"推广产品""商户通"等信息。图 3-42 所示为"推广产品"页面的"财务管理"信息，在该页面中商家可以查看特定时间段内应得的金额。

图 3-42　"财务管理"页面

3.4.3　出餐管理：3 个方面打造高出餐率

外卖的出餐速度对用户体验的影响非常大。高出餐率的高效运营手段是商家们都在积极探索的方向，而且还可以让商家有更多的时间来服务更多的顾客，对于营收的提升很有帮助。本小节将从 3 个方面来介绍如何进行出餐管理。

1．动线设计：实现更快地烹饪和打包

优良的动线设计在外卖运营过程中很重要。如何让食品在后厨中更快地烹饪和打包，是一门大学问。例如，食品原材料从仓库送到厨房的路线可能有好几条，如何考量并留下足够空间需要进行精心的设计。关于外卖的动线设计，效率是所有工作的核心，商家可根据食品生产和操作流程来进行合理规划，具体原则如图 3-43 所示。

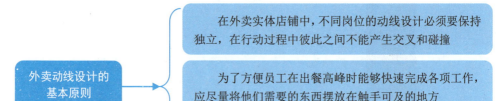

图 3-43 外卖动线设计的基本原则

2. 生产流程：进行出餐的标准化优化

在设计外卖动线时，就提到过要制作生产流水线，也就是将食品出餐的各个流程进行标准化的优化，包括定位、采购、厨具、烹饪、包装和配送等过程，提升食品的出餐效率，方法如图 3-44 所示。

图 3-44 标准的生产流程

3. 外卖厨房：4 种方法进行相应改造

相比于传统餐饮店，外卖对于厨房的依赖程度更大——大部分工作都在厨房里完成。因此商家需要对厨房进行改造，以提升菜品出餐的速度，方法如图 3-45 所示。

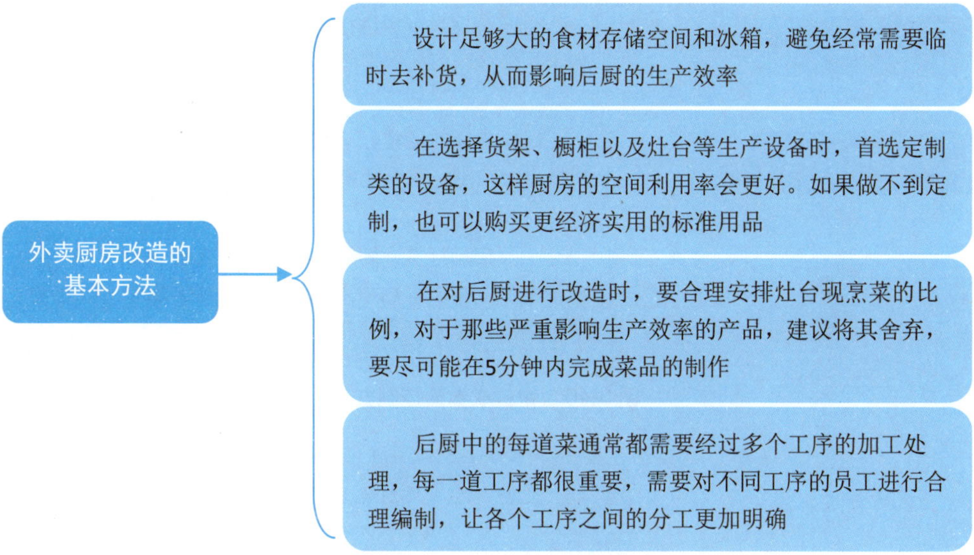

外卖厨房改造的基本方法：

- 设计足够大的食材存储空间和冰箱，避免经常需要临时去补货，从而影响后厨的生产效率
- 在选择货架、橱柜以及灶台等生产设备时，首选定制类的设备，这样厨房的空间利用率会更好。如果做不到定制，也可以购买更经济实用的标准用品
- 在对后厨进行改造时，要合理安排灶台现烹菜的比例，对于那些严重影响生产效率的产品，建议将其舍弃，要尽可能在5分钟内完成菜品的制作
- 后厨中的每道菜通常都需要经过多个工序的加工处理，每一道工序都很重要，需要对不同工序的员工进行合理编制，让各个工序之间的分工更加明确

图 3-45　外卖厨房改造的基本方法

3.4.4　成本管理：两大方向进行餐品成本控制

外卖是一门平民化的生意，产品价格通常不会太高，因此对于成本的管理尤为重要。对于外卖商家来说，需要依据用户需求上的痛点，思考如何进行成本支出控制，让餐品可以满足相应的成本需求。

1. 店面成本：需要多方面加以控制

外卖店铺运营的主要成本包括房租成本、物料成本、人力成本、配送成本、营销成本以及其他成本等。在这些成本中，物料成本和人力成本占了很大一部分，是商家在进行成本控制时最需要注意的地方。

1）物料成本的控制

物料成本控制的核心在于采购渠道，外卖商家应尽量选择品质好的进货渠道，同时还要把控采购数量和价格，把成本控制在一个合理的范围内，具体方法如图 3-46 所示。

2) 人力成本的控制

很多外卖企业和商家对人力成本的控制没有足够重视，致使人力成本长期居高不下，严重影响了店铺的经济效益。外卖商家必须调整用人策略，运用巧妙的人员配置方案，使得人员利用更加合理，具体方法如图3-47所示。

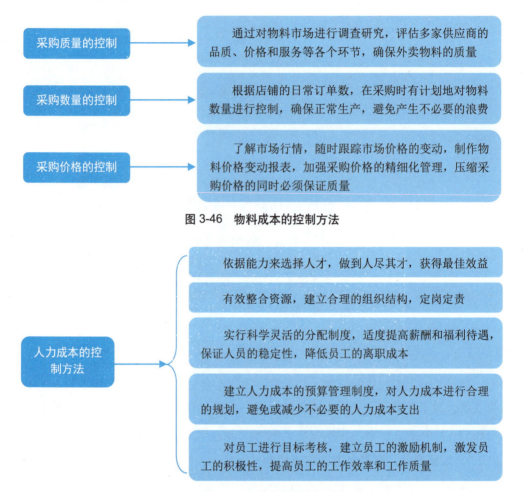

图3-46 物料成本的控制方法

图3-47 人力成本的控制方法

2．外卖菜品：合理定价平衡成本和价格

成本是定价的基础，商家必须采用合理的定价策略，单价设置不要虚高为好，平衡成本和定价，才能获得长久发展。下面介绍3种常用的外卖餐品定价技巧。

(1) 竞品对比定价：商家在对商品进行定价时，可以参考竞争对手的价格，以及同商圈内相同品类的商品价格。以经营煲仔饭的商家为例，可以在"美团外卖"和"饿了么"APP 上搜索煲仔饭产品，设置搜索条件为"销量最高"，查看卖得火的产品价格，然后就可根据这些竞品价格来定价。

(2) 套餐折扣定价：这种方法比较适合快餐小吃品类，同时可以与折扣活动配合运用，折扣力度可根据"十位数至少减一"的方法来计算。例如，一份套餐原价为 20 元，采用 8 折优惠后价格为 16 元，符合"十位数至少减一"的原则。

(3) 小数点定价法：这种方法最常见，如定价 9.9 元和 10 元，用户显然更容易接受 9.9 元，因为没超过 10 元。

3.4.5 刷单管理：保持公平公正的外卖竞争环境

外卖刷单是指商家直接参与或教唆、怂恿以及联合其他商家、骑手或用户参与的虚假下单行为，以及获取虚假销量、虚假好评、骗取补贴和获取不正当的位置排名等行为。对于刷单行为，各个外卖平台都是严格禁止的，同时也制定了处罚规则，避免商家的刷单行为。表 3-2 所示为美团外卖的刷单处罚。

表 3-2 美团外卖的刷单处罚

刷单行为	处罚规则		
	第 1 次	第 2 次	第 3 次
刷排名	置休 1 天，次日生效	置休 3 天，次日生效	永久下线，次日生效
刷补贴	下活动，30 天；头部商家和大连锁商家次日生效，其他商家当日生效	下线，次日生效；商家只有主动赔付完成后方可再次上线，且上线 30 天内不能享受美团外卖补贴	永久下线，次日生效
刷配送费	剥夺众包配送		
	取消商家众包配送功能		

刷单商家经电脑查实后，会经由商家电脑端或手机端后台推送消息，通知商家是否承认刷单，如果商家承认则需要主动赔付，平台会执行扣款并进行酌情处理。如果商家不承认刷单行为，则需要提供相关证据，平台审核通过后，会排除商家的刷单行为。若商家不能提供有效证据，则平台会维持处罚。

商家在运营外卖店铺时，切不可因小失大，采取刷单这些作弊行为，而应该保持一个公平公正的竞争环境。

3.4.6 餐损赔付：符合条件，两大端可获赔付

外卖商家在日常经营店铺时，难免会遇到消费者退款的情况，会造成餐品的损失。美团外卖平台针对这种情况推出了"餐损赔付"功能，商家可以申请赔付来降低自己的损失。餐损赔付的必要条件如图3-48所示。

图 3-48 餐损赔付的必要条件

在满足商家端餐损赔付申请的全部条件后，还需要再符合下列任何一个条件，才可以发起餐损申请，如图3-49所示。

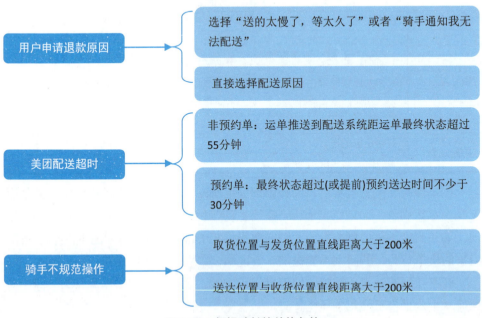

图 3-49 餐损赔付的其他条件

另外，需要注意的是，商家必须在用户退款成功后的 48 小时内申请，一个工作日审核完成即可赔付，否则超时视为自动放弃。如果是由于商家自身原因和用户原因造成的餐损，则美团外卖有权拒绝商家的赔付申请。

3.4.7 价格虚高：了解标准避免被判价格虚高

价格虚高是指商家通过调整价格来欺诈消费者和外卖平台的行为。

图 3-50 所示为美团外卖平台判定价格虚高的标准。

图 3-50 美团外卖平台判定价格虚高的标准

价格虚高的危害非常大，会严重影响用户体验，而且商家的诚信也会受到质疑，并会形成一个恶性循环，如图 3-51 所示。

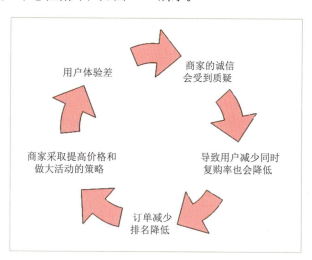

图 3-51 价格虚高的危害

当商家自己不确定是否有价格虚高的行为时，可以在每周一 20:00 点后登录美团外卖商家端，在消息中心查看标题为"重要原价虚高菜品整改通知"的通知，里面会有具体需要整改的菜品和整改价格。当然，商家也可以联系业务经理进行了解，整改时间是每周五的 18:00 点以前，完成整改则不会受处罚。如果商家觉得整改内容与实际情况不符合，也可以联系业务经理进行申诉。处罚包括但不限于整改菜品、暂停售卖、活动取消和暂停营业等。

第 4 章

菜品爆款玩法：为店铺备好吸睛的招牌

> **学前提示**
>
> 对于外卖商家来说，爆款菜品就是店铺最好的招牌。只要店铺有一个爆款，就能在一段时间内获得源源不断的客源。但是，大多数商家提供的可能只是寻常菜品，那么，这些菜品如何变成爆品呢？本章就重点解答这个问题。

- 三步法：步骤简单有效，快速打造爆品
- 10 种技巧：针对用户群体，营造爆破点
- 7 个案例：众多品牌实践，见证爆品奇迹

4.1 三步法：步骤简单有效，快速打造爆品

很多商家可能会问：究竟什么才是爆品？其实，爆品就是能够引爆外卖市场并形成口碑传播的产品，它不但能够对品牌塑造起到推动作用，而且还可以拉动外卖回流，同时提升店铺的整体销售额。

那么，商家如何快速打造爆品呢？这里介绍一种简单有效的方法，包括寻找锁定、设计优化和迭代更新三步，如图 4-1 所示。

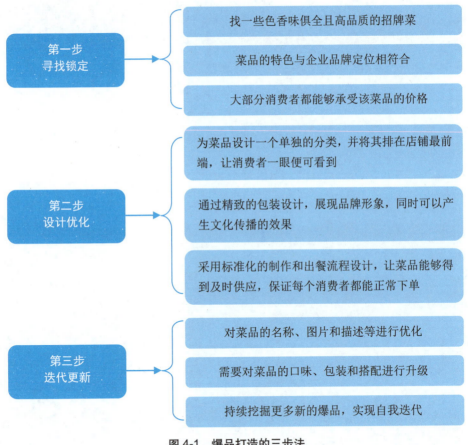

图 4-1　爆品打造的三步法

4.2　10 种技巧：针对用户群体，营造爆破点

明白了打造爆款菜品的步骤后，接下来需要外卖商家了解可以用什么技巧和方法打造爆款菜品。本节就为大家介绍 10 种打造爆款菜品的技巧。

4.2.1 提高性价比，让消费者觉得菜品物有所值

在网购时你最想选择的是哪一类产品？是价格低的山寨货、价格高的品牌产品，还是性价比高的口碑产品？问题的答案显然是一目了然的。其实，消费者在订外卖时也是同样的想法。无论是勉强能过上温饱生活的"穷人"，还是生活相对富足的"富人"，谁都希望自己能用相对较低的价格，买到想吃的菜品。

那么，应如何提高菜品的性价比，让消费者觉得菜品是物有所值，甚至是物超所值呢？笔者认为可以从3个方面努力，具体如下。

1．价格：同品类中价格定得要相对低些

价格是消费者在下单购物时最直观的感受来源，虽然事实上并不是价格低的性价比就高，但是，在消费者看来，价格相对较低的菜品性价比相对较高的可能性会高一些。所以，许多消费者在订外卖时，还是会选择同类中价格相对较低的菜品。

图4-2所示为两个店铺中皮蛋瘦肉粥的商品描述界面。可以看到，同样是皮蛋瘦肉粥，第一个店铺中的价格仅为8元，而第二个店铺的价格却是13.8元。同样的菜品，价格相差却很大。

图4-2 两个店铺中皮蛋瘦肉粥的商品描述界面

你会选择哪个店铺的皮蛋瘦肉粥呢？答案想必是不言而喻的。也正是因为如此，第一个店铺中皮蛋瘦肉粥月销量超过1000单，而第二个店铺中的皮蛋瘦肉

粥月销量却只有 1 单。

2．味道：价格稍高就要保证外卖菜品的味道

虽然很多人在订外卖时会比较在意价格，但是，也有一部分人觉得只要好吃，价格稍微高一点也是可以接受的。而在价格相近的情况下，味道在消费者心中的重要程度也会相应地提高。

就好比两个店铺的蛋炒饭，A 店铺为 10 元，其月销量达到了 230 单；而 B 店铺为 8 元，其月销量却仅为 17 单。明明第一个店铺中蛋炒饭的价格相对较高，销量却要更多一些。这是为什么呢？

笔者认为这主要是基于消费者的评价。说明 A 店铺中的蛋炒饭整体上更让消费者满意，而消费者在评价时味道是重要的参考依据。并且其他消费者在看到评价时，也会潜意识地将其看成是对味道的评价。因此，商家如果能够保证菜品的味道，就更容易让消费者觉得物有所值，进而给出好评。

3．分量：确保分量提升外卖菜品性价比

每个菜品都有相对固定的分量。而在消费者看来，分量也是性价比的重要衡量标准。在其他条件相同的情况下，分量较多的菜品，其性价比相应也就更高一些。

就好比两个店铺的牛肉面价格相同，面的数量和质量也都差不多。但是一个店铺的牛肉面有 10 片牛肉，而另一个店铺只有 5 片（假设每片牛肉的大小大致相同）。那么，消费者自然就会认为第一个店铺的牛肉面性价比要更高一些。

4.2.2 打造个性化品牌，让用户首先就能想到你

看到一些品牌铺天盖地的广告，我们有时候可能会想，它打这么多广告得多少成本啊？这要卖出多少东西才能赚回广告成本呢？品牌负责人自然也明白这样做会产生一笔不菲的广告费用，但是，还是这么做了，这又是为什么呢？

笔者觉得这主要是因为通过广告可以增强品牌号召力，让更多消费者看到这个品牌，以及这个品牌的个性，从而让消费者关注该品牌，并在有消费需求时将该品牌作为重要的参考对象。

当然，打广告只是塑造个性品牌的一种方式，除此之外，商家还可选择从其他方面切入。比如，取一个响亮的名号，让品牌更好地传播出去。又比如，打造成行业内具有代表性的品牌，让消费者在购买某一类产品时，首先想到的就是你的店铺。

说到周黑鸭这个品牌，应该大家都不会陌生。这是一个以提供卤鸭制品为主的品牌。其实市面上也有很多提供卤鸭制品的品牌，那么，周黑鸭为什么能从中脱颖而出呢？笔者认为这与该品牌的企业文化有关系。周黑鸭的食字文化（"食"="人"+"良"）认为做食品的人要有良心，这也是该品牌的道德底线。因此，周黑鸭不仅保证了食品的口味，而且在食品的安全、卫生等方面做得也比较好，我们几乎很难看到该品牌的负面新闻。除此之外，该品牌的保存、运输技术也为其加分不少。

卤制品因其特性，很容易变质、变味，而周黑鸭特有的锁鲜技术就很好地解决了这一问题。消费者在电商平台上购买的周黑鸭在锁鲜方面做得很出色，只要不是在气温较高的天气，不将周黑鸭的产品放进冰箱，在两天内基本上不会出现变味、变质的情况。正因为如此，周黑鸭变成了一个质量有保证，且保鲜技术较好的品牌。随着品牌的发展，周黑鸭的品牌知名度越来越高，越来越多消费者开始成为该品牌的忠实消费者，而周黑鸭的许多产品也变成了爆品。

4.2.3　打造招牌菜品和IP，轻松让菜品"自爆"

将一道看似寻常的菜品打造成爆品通常有两种思路：一种是通过品牌打造等外界因素，带动菜品的销售；另一种就是把菜品做出特色，用招牌菜打造IP，进而让菜品"自爆"。

凡事往往是说起来容易，做起来难。要将菜品打造成招牌菜，甚至是IP产品，要如何进行操作呢？笔者认为可以重点从以下两个方面努力。

1. 制造引爆点：做出一款有特色的招牌菜品

一个菜品要想打造成招牌菜，通常要求该菜品有其自身的特色。这其实也是让产品有一个可以引爆的点。毕竟，如果你的产品和别人的一样，没有自己的特色，那消费者为什么要选择你的产品呢？

有一段时间网络上突然有一款产品爆红，这不过是一款巧克力面包，但却得到了许多明星的推荐，并快速刷爆了朋友圈。这款产品相信大家已经猜到了，它就是脏脏包。脏脏包，包如其名，就是看起来脏脏的，吃完之后嘴巴旁边也会变得脏脏的。

那么，这款"脏"面包凭什么成为网红食品呢？笔者认为就在于该产品虽然看着脏，但是吃过的人都表示是不可多得的美食。这样一来，它便在许多人心中建立起一种又爱又恨的鲜明形象，这也是它的特色所在。但是对于广大"吃货"

来说，好吃才是王道，吃个东西还顾什么形象，因此，脏脏包自然而然也就成了"网红"。

许多消费者在下单时可能会比较重视购物体验，只有那些他们觉得看起来不错、值得一尝的菜品才会更具吸引力。那么，怎样才能让消费者觉得看起来不错、值得一尝呢？这从根本上来说还是得让消费者看到菜品的特色，让消费者觉得在别的地方可能吃不到。

2. 保证认知度：重点展示让更多消费者看到

互联网技术的发展，让全球变成了一个地球村，而在这个"村"里发生的事情都有可能变得人尽皆知。在这种情况下，消费者可以看到的信息丰富而庞杂，即便是选个菜品，可选择项也是难以计量的。

而商家要想将菜品打造成爆品，首先还得让尽可能多的消费者看到该菜品，保证潜在消费者对菜品的认知度。当然，要想让菜品随时都能被消费者看到可能性不太大。但是，商家至少可以让消费者在进入店铺后，先看到想要打造成爆品的菜品。比如，商家可以将左侧菜单栏的第一项设置为热销，并按照菜品的销量进行排序，让消费者看到店铺中销得好的菜品，并将排在前列的菜品打造成爆品。

4.2.4 进行菜品迭代，用新菜品寻求新的可能

再好吃的菜吃久了也会让人觉得腻。其实，很多消费者在订外卖时也会有这种想法。所以商家要想让店铺保持足够的吸引力和打造更多爆品，还得进行菜品的迭代，用新菜品寻求新的可能性。当然，对于商家来说，进行菜品的迭代并不是很难，难的是将迭代之后的菜品打造成爆品。其实，商家只要做好以下两点，迭代后的菜品就会很容易地变成爆品。

1. 营销时用一些小心思

很多时候，一个菜品之所以可以成为爆品，就在于卖家在它身上用了一些小心思，从而让其更好地符合了消费者的需求。

比如，很多水果店老板可能有过这样的体验：虽然夏天西瓜的需求量较大，但是店铺中西瓜的销量却没有想象中那么多。之所以出现这种情况，很可能就是销售方式不对。

随着生活节奏的加快，消费者希望获得更便捷的食用体验。同样是卖西瓜，如果商家能够像图4-3所示的那样，给西瓜配一个勺子，让消费者的食用变得更

加便捷，很可能就会让销量出现大幅提升。

图 4-3　给西瓜配勺子

从单卖西瓜到给西瓜配勺子，这其中商家只是做出了小小的改变，却符合了很多喜欢用勺子吃西瓜，又不想去买勺子的消费者的需求。在外卖中尤其如此，消费者点外卖就是为了方便，如果想用勺子吃西瓜还要再去超市买一个勺子，那对消费者来说实在是有些麻烦了。

2．请消费者给你出主意

消费者真正需要什么样的产品，可能只有消费者自己知道。而商家要想将自己的菜品变成爆品，就得先了解消费者的需求，并满足其需求。对此，商家可以想办法让消费者给你出主意。

比如，商家可以查看消费者的评价内容，并选取其中相对中肯的意见作为新品迭代的调整依据。除此之外，还可以通过调查问卷的方式，收集消费者的意见，并根据数据打造消费者更满意的新品。

4.2.5　正视失败，探寻新思路才能离成功更近

外卖行业是一个竞争非常激烈的行业，商家要想获得成功并不是那么容易的一件事。在此过程中，大多数企业可能会经历失败。对此，商家需要明白的一个道理是：失败乃成功之母。失败并不可怕，只要正视失败，从失败中总结经验，并不断完善自身，成功就会离你越来越近。

今麦郎是国内一个以提供方便面为主的品牌，虽然该品牌现在来说是比较成功的，但其在发展过程中也经历了一些失败，而其之所以能够成功，就是从失败中探寻出新的发展思路。

今麦郎方便面最初的名称是华龙面，作为国内较早出现的一个方便面品牌，华龙面凭借自身优势和定位，很快就占领了农村市场。虽然华龙面占领了农村市场，但是农村对方便面的需求并没有预期中那么高，而且农村消费者的消费能力相对较低，利润空间相对比较小。所以，华龙面开始尝试进入城市，寻求新的发展。然而，几经努力却始终没有取得想要的效果。

面对一次次失败，华龙面并没有选择放弃，而是从自己的失败中总结经验，不但将企业改名为今麦郎，还根据城市消费者的需求，研发出方便面新品种——弹面。当然，今麦郎也有相对普通的方便面品种，而为了让产品更具优势，该品牌也重点突出分量多的特点。

今麦郎成功进入城市市场之后，整个品牌获得了快速发展，成为方便面行业的领先企业，甚至与康师傅、统一在方便面行业形成了"三足鼎立"的局面。

就在方便面市场日益饱和的情况下，康师傅、统一等品牌纷纷开发新产品，进军饮料行业。今麦郎看到对手的举动之后，也知道要想获得发展，还得从其他领域寻求机遇。

可能是因为康师傅和统一都进军饮料行业，今麦郎想跟随老对手的脚步，或者说是想在另一个领域再次与老对手竞争，所以，今麦郎也推出了自己的饮料产品——今麦郎冰红茶，如图4-4所示。

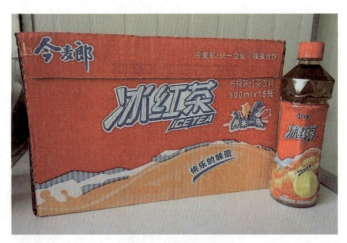

图4-4　今麦郎冰红茶

大概是饮料市场日趋饱和，再加上市面上做饮料的企业比较多，又不断有企业加入，所以今麦郎推出饮料之后，虽然营销活动做得不少，但是市场份额和销量却一直都不理想，甚至于现在在许多超市都已经看不到今麦郎饮料的影子了。

就这样今麦郎在饮料领域的发展陷入了困境，而其在方便面上积累的影响力也开始受到白象、五谷道场和农心等品牌的影响。今麦郎在方便面和饮料行业同时遭遇了滑铁卢，而该品牌能否再次获得快速发展，重新获得可以与康师傅、统一同等的实力，还得看其能否从失败中再次找到新的发展思路。

4.2.6 两种创新方向，为外卖店铺提供动力

创新就是以有别于常规的新思维来指导行动，而新思维的获得则在于通过思维的解放来寻求更多可能性。就餐饮行业而言，商家可以通过两种创新方向为店铺的发展提供动力，具体如下。

1. 自我创新：提供更好的消费体验

对于餐饮行业来说，要获得发展主要还得依靠产品本身。对此，商家可以从口味、价格、服务和包装等方面对产品进行创新，为消费者提供更好的消费体验。

2. 跨界创新：获得更多的发展机会

虽然一个餐饮企业的发展主要依靠企业自身，但是，对于大多数餐饮企业来说，自身实力和同类知名企业还是有一些差距的，要想凭借自身现有条件在竞争中取得优势并不是一件容易的事。在这种情况下，餐饮企业可转变思路，通过与其他企业，最好是不同领域的企业合作——以跨界合作的方式，增加企业的宣传渠道，获得更多的发展机会。

当然，餐饮行业的创新并不是一件容易的事，除了要明确创新方向之外，还得掌握一定的创新方法，让创新变得有据可依。比如，商家可以从产品出发，重点提高产品的品质，提升产品的口碑，生产出消费者更满意的产品。

薯片可以说是思想解放的产物。传说薯片出自美国一位大厨之手，有一天一位客人点了一道"油炸马铃薯"，可是大厨按照平时的做法做出这道菜后，客人却觉得马铃薯切得太厚。即便厨师将薯片切薄了一些，客人仍旧觉得薯片切得太厚。菜品接连几次被退回来，大厨觉得这位客人太难伺候了，于是有些气愤地将马铃薯切得非常薄，炸成脆片，并撒上了盐。没有想到的是，这种有些报复的烹饪方式做出的菜品，却让客人大加称赞。就这样薯片在大厨的不经意之间诞生了，而且因为是新品，并且消费者都认为这种菜品非常美味，所以，薯片很快就成为该餐厅的爆品。紧接着各大餐厅在摸索中都推出了自己的薯片，甚至于将薯片从菜品变成了零食。

薯片的诞生实际上就是思想解放的结果。正是因为客人不满意，所以，大厨对产品做了调整，让产品以一种全新的形式出现，从而创造出了一种新的菜品。

4.2.7　两大方面进行突破，开拓营销新局面

在这个"酒香也怕巷子深"的时代，任何产品从无名小卒到爆款都需要靠营销来支撑，只有营销，才有可能"赢销"。外卖菜品显然也是如此。一个普通的菜品要想成为爆品，就得更好地被潜在消费者注意到，从而开拓营销新局面。具体来说，商家在开拓营销新局面的过程中，重点可以从两个方面进行突破，具体如下。

1．增加营销渠道，确保菜品的销量

一道菜品能否成为爆品，最直接的评判标准就是其销量能否达到一定的数量。而菜品的销量又需要销售渠道来保证，通常来说，一个店铺的销售渠道越多，各渠道的流量越大，店铺的销量可能就会越高。

为让菜品获得更多的销售机会，商家需要尽可能多地增加营销渠道，让消费者更容易看到。可能对一般商家来说，自己做一个外卖平台有一定的难度，也没有必要。对此，商家可以选择在国内几个知名外卖平台上开设店面，这样一来，大多数消费者都有机会看到。图4-5所示为某店铺在不同外卖平台上开设的店面。很显然，该店铺就是通过增加营销渠道开拓外卖营销新局面的。

图4-5　某店铺在不同外卖平台上开设的店面

2. 增强营销效果，让消费者更快看到

开拓外卖营销新局面主要有两个方向：一是通过增加营销渠道；二是通过增强营销效果，让消费者可以更快地看到店铺。

增强营销效果的方法有很多，比较常见的一种是通过广告等方式进行广泛宣传。除此之外，商家还可以增强店铺的展示效果，让店铺出现在消费者关注的位置。

大多数外卖 APP 的显眼位置一般都设有优质商家展示板块。比如，在"美团外卖" APP 中就设有"为你优选"板块，在该板块中向消费者展示附近的品牌商家。图 4-6 为该板块的相关页面。

图 4-6 "美团外卖"APP 中"为你优选"板块的相关页面

专家提醒

与商家自行进行营销不同，要想通过外卖平台的相关板块进行展示，商家的销量和服务等方面都需要达到一定的高度，所以，消费者往往会认为这些商家比一般商家更可靠。因此，外卖商家如果能够让自己的店铺出现在该板块中，就会获得较强的营销效果。

4.2.8 通过技术创新，为打造爆品创造契机

对于消费者来说，是否购买一道菜品，价格、味道和服务等方面自然是需要重点关注的。其实，除了这些之外，大多数消费者点外卖的原因不只是为了填饱

肚子，有时是为了吃到新奇的食品，享受视觉和舌尖上的美味。

要想让消费者对菜品产生新奇感，最直接的方法就是通过技术创新，给消费者营造不同的感受。当然，技术创新说起来容易，做起来却并不是一件容易的事。这主要是因为技术创新要获取成功需要具备一定条件。

比如，在进行技术创新时应该从店铺自身出发，根据运营经验，寻求适合自身的创新方向；技术创新并不是说做就能做的，毕竟从零到成功之间有一条很长的路要走，在此过程中，必须有经济基础做保障；技术创新的重点在于创新，所以，在进行技术创新的过程中还需要创新思维做引导。

除此之外，商家在进行技术创新时还得找到合适的方法。一般来说，商家可以通过3种方法进行技术创新：一是对当前产品的制作工艺进行完善，二是整合现有资源从中寻找创新思路，三是根据运营经验进行自主创新。

纵观外卖市场上的爆品，其中就有一些是通过技术创新产生的。比如，曾经一度刷爆微信朋友圈的分子料理就是来自于技术创新。

分子料理通俗地理解就是运用物理和化学方法，让食物的味道和形态发生变化。其最大的特点就是制作出来的菜品通常都比较具有视觉冲击力。图4-7所示为一幅分子料理图。光是看到上面的雾气，许多消费者都会觉得很新奇。

图4-7　分子料理

4.2.9　展示亮点和特色，提供满意的消费体验

要想打造外卖爆品，就需要商家在营销过程中向消费者充分展示自身产品的亮点与特色，从而为消费者提供满意的消费体验，提升消费质量。凸显产品优势

是打造外卖爆品的重点,也是难点。打造外卖爆品归根结底是将产品优势最大限度地扩大化,制造热门话题,从而提高外卖产品的关注度与话题度,最终提高外卖产品的销售额,增加商家的利润。

外卖爆品的打造过程中,许多企业和商家都容易忽视突出外卖产品优势这一环节,从而使消费者的需求无法得到真正满足,最终导致消费者的消费体验不佳。因此,在爆品打造过程中最大限度地凸显外卖产品优势显得尤为重要。

那么,爆品的成功打造为什么要展现外卖产品优势和亮点呢?下面将以图解的形式介绍凸显外卖产品优势的重要性,如图4-8所示。

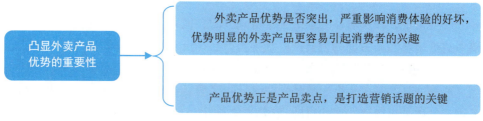

图4-8 凸显餐饮产品优势的重要性

"何师烧烤"是成都的一个烧烤品牌,最开始以堂食为主,拥有22家直营门店,从2015年推出外卖服务。在外卖兴起之初,对于烧烤这种比较偏门品类来说,做外卖存在很多痛点,如包装、保温和口感新鲜等,都难以得到保障,因此一直不温不火。然而,"何师烧烤"却通过外卖实现了5000万元的年收入,而且评价客单价达到70元左右,单店日销量最高可达300多单。

"何师烧烤"之所以能够成功,主要在于其不断优化产品和营销策略,让消费者熟知其产品的优势特色。

(1)优化菜品:"何师烧烤"通过对菜品进行筛选,删掉了很多不适合配送的菜品,精简外卖菜品,从而保留下拥有爆品基因的菜品,如串烤和烤鸡翅等,这些都比较适合做外卖,而且用户比较爱吃。

(2)优化包装:采用"保温桶+锡纸"的双重外卖包装形式,延长保温时间,保证产品口味送到用户手中时不变。

(3)营销曝光:通过各种线上和线下资源,如外卖平台和京东、途牛网等互联网线上渠道,以及门店、地铁和酒店等线下渠道,大量投放广告,让品牌充分曝光。

(4)服务体验:通过招聘专职的品控专员和差评统计师,以及优先为外卖用户出餐和延长营业时间的经营方案,提升外卖用户的体验。

(5) 引流策略："何师烧烤"通过在外卖包装中放入宣传海报和代金券等方式，吸引线上顾客到店消费，让堂食的客流得到增长。

"何师烧烤"的所作所为都是为了给用户提供更好的体验，从而展示自己产品的独特之处，同时成为消费者心目中的优势亮点，间接打造爆品。由此可见，为消费者提供优质的体验需要倾注很多心血。不仅如此，商家还要学会从消费者角度出发，为消费者考虑，知道他们需要什么样的产品和服务，才能打造出令人喜爱、受人欢迎的爆品。

4.2.10 综合价格和品质，菜品才能卖得火

一般来说，外卖爆品一定是卖得特别火的，但并不是卖得火的就是爆品，还要考虑价格和品质方面的因素。一款外卖产品在没有品质保证的情况下，即使它卖得再火，也只是暂时的"爆品"，而不是长久的。

要打造具有长久生命力的外卖爆品，除了要具备话题讨论之外，最重要的就是用产品质量赢得消费者的口碑，让消费者转化为品牌忠诚的粉丝，从而打造"粉丝经济"，为外卖品牌的可持续发展提供动力。

外卖企业或商家要想打造成功的爆品，首先需要保证推送的产品能够为消费者带来极致体验，提高外卖产品的知名度与影响力，凸显品牌特色；其次应该在品质上有保证，且这种品质的保证有两个要求，如图4-9所示。

爆品的存在是打造外卖IP的基础，因而，对外卖企业和商家来说，要想从爆品发展到IP，建议采用"低价不低质"的策略，既能在销售数量上有保证，又能在产品质量上有保证。

图4-9 外卖爆品的品质保证的要求

4.3 7个案例：众多品牌实践，见证爆品奇迹

上文介绍了多种打造爆款菜品的技巧，这些技巧都是经过众多品牌验证和实

践的，具有很大的应用价值。本节就从具体案例出发来介绍爆款菜品打造。

4.3.1 池户水产：推出"招牌海鲜饭"让业绩稳步提升

"池户水产"外卖店铺的主营品类是"刺身寿司"，在上海拥有 5 家线下门店，整体环境非常干净，食材很新鲜，而且采用半开放式的厨房设计，顾客可以看到整个餐品的制作过程，吃得更安心和放心。

"池户水产"根据三步法打造爆品，跳出了日料店只卖寿司等传统产品的瓶颈，推出了"招牌海鲜饭"爆品，如图 4-10 所示。通过精美的外卖包装设计，以及不断对自身产品进行升级，同时将"刺身"和"寿司"等原有的主营菜品作为辅助品类一同销售。最终，"招牌海鲜饭"获得了用户的广泛好评，而且爆品的销售额占到了门店的 20%，店铺业绩稳步提升。

图 4-10 池户水产打造"招牌海鲜饭"爆品

4.3.2 蒸小皖：打造健康、美味兼得的"家乡小笼酱肉"

"蒸小皖"原名"肥东老母鸡"，是一家新派蒸式徽菜快餐品牌。它致力于为消费者提供高品质餐饮和更好的用餐体验。基于这一目标，"蒸小皖"不断进行尝试，寻找发展机会。

例如，在器皿方面，"蒸小皖"就做了 60 多次测试，设计出自己的新笼屉。这样既可保障备餐和出餐时的温度，而且卫生美观，符合年轻人的审美。另外，

"蒸小皖"还通过不断推陈出新,对徽菜进行合理创新,使其走向全国各地,满足不同消费者的口味。

因为该品牌主打蒸菜,而蒸菜是最考验食材的烹饪方式,因此必须保证食材新鲜,这就在根源上让消费者对菜品感到放心。而且,"蒸小皖"菜品的烹饪方式决定了其在调料方面的应用,从而确保其可以满足消费者对健康的需求。

在这样的品牌文化影响和品牌发展过程中,用新鲜的好食材,再加上精心的料理,"蒸小皖"推出健康少油、小而美的精致小笼式的招牌菜品"家乡小笼酱肉",如图4-11所示。这款菜品以其健康、美味兼得的特色,获得了用户的好评,成功打造出爆款菜品。

图4-11 "蒸小皖"的招牌菜品"家乡小笼酱肉"

4.3.3 馋馋邻家外送小火锅:开创一次性火锅品牌

许多人喜欢吃火锅,但是自己做的话,要买菜和配料,吃完之后还要清洗餐具,这就让吃火锅这个本该十分享受美食的事变得有些麻烦了。有的人也因此放弃了吃火锅的想法。

为了满足这一部分消费者的需求,部分外卖商家推出了麻辣烫,直接把火锅做好之后送到消费者手中。虽然这样一来消费者也尝到了火锅的味道,但是麻辣烫总归和火锅是有区别的,而且在运送过程中也容易出现汤汁泄漏的情况。

针对这一情况,一个名叫"馋馋"的品牌,颠覆传统,创造性地开创了一次性火锅。商家将火锅、菜和配料都送给消费者,消费者可以真正享受火锅的滋味。而且因为锅是一次性的,消费者在食用完之后,也无须清洗炊具。正因为如此,该品牌的菜品快速获得了市场的认可。图 4-12 所示为"美团外卖"APP 上的"馇馇邻家外送小火锅（××店）"的相关页面。

图 4-12　"美团外卖"APP 上的"馇馇邻家外送小火锅（××店）"的相关页面

4.3.4　麻辣诱惑：四轮开发创建"麻辣小龙虾"品牌

麻辣诱惑是一家深挖"麻辣"味型的餐饮企业——把"麻辣"味型的流行口味趋势与广大年轻人的饮食需求结合起来，创建了麻辣诱惑品牌餐厅、麻小外卖和热辣生活三大高端品牌。

说起麻辣诱惑，一般人都会想到其爆品菜——麻辣小龙虾。这一款菜品在经过内测后，在 2016 年就做到了外卖 4 个亿的销售额，可谓是名副其实的爆款菜品。

一般来说，一款极致的餐饮爆品的产生不是一个简单的过程，它需要经过一系列的开发才能最终推出爆品。麻辣诱惑的"麻辣小龙虾"也是如此。它经过了四轮产品开发才上市极致的小龙虾爆品，如图 4-13 所示。

在笔者看来，麻辣诱惑的"麻辣小龙虾"爆品之所以如此成功，离不开它的用户思维和产品认知，下面进行具体分析。

首先，从用户思维来看，麻辣小龙虾的产品是以用户为中心的，特别是其产品研发阶段，都是围绕用户展开的。爆品，必须是深受用户喜欢的产品，而麻辣诱惑深刻地认识到了这一点。

```
第一轮：内部封测
餐饮企业和商家内部进行新品大赛，筛选出优质产品
          ↓
第二轮：外部顾客盲测
邀请顾客试吃，通过观察其反应和状态再行筛选产品
          ↓
第三轮：标准化生产测试
设计标准生产流程进行规模化生产，从而核定产能和检测供应链匹配度
          ↓
第四轮：确定爆品
综合比较筛选出的产品，选定成本最低、口味最受欢迎的品类
```

图 4-13　麻辣小龙虾爆品打造流程

其次，从产品认知方面来看，它首先也是基于用户思维——从消费者关心的小龙虾是否干净和如何让消费者觉得一看就觉得干净的思考出发，走遍多个省份，找到了一款符合要求的小龙虾，那就是白腮小龙虾。

然而麻辣诱惑认为这样还不够，它还从产品认知的角度出发，基于消费者对小龙虾是否干净心存疑惑的问题，在调研上游供应链的基础上提出了"白鳃虾才是干净虾"的说法，让人们从认知上认可这一说法和产品，从而打造出以干净的白鳃虾为原料的麻辣小龙虾这一尖刀产品。

4.3.5　kao 铺烤肉饭：多管齐下打造"烤肉饭"套餐

"kao 铺烤肉饭"是一个创建于 2012 年的连锁餐饮品牌，"良心用好料，还原好味道"是其产品迭代思想。在这一思想指导下，该品牌以品质保持最久的烤肉饭作为经营品类，将一份 12 元的烤肉饭打造成了外卖爆品。图 4-14 所示为"美团外卖"APP 上"kao 铺烤肉饭（××店）"的相关页面。

kao 铺烤肉饭的烤肉饭套餐之所以能成为爆品，是商家多管齐下的结果，具体内容如图 4-15 所示。

图 4-14　"美团外卖"APP 上的"kao 铺烤肉饭（××店）"的相关页面

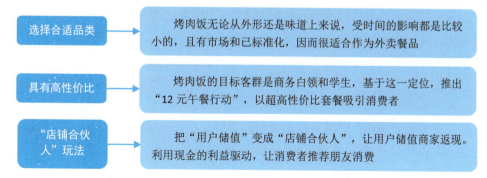

图 4-15 "kao 铺烤肉饭"打造爆款菜品的策略

4.3.6 大饭工作室：推出丹麦卤猪蹄筑有温度的美食

与其他餐饮品牌不同，"大饭工作室"通过与到家美食会的联合，既能为消费者提供美食，也能整合餐饮品牌打造爆品。如著名的鲁菜——丹麦卤猪蹄就是其首轮推出的爆款菜品，如图 4-16 所示。

图 4-16 丹麦卤猪蹄

其实，这一爆款菜品的推出离不开 3 个方面的原因，具体分析如下。

其一，丹麦卤猪蹄无论是在选材还是烹饪上都有它的独到之处。在选材方面，在多方考察后，最终选定了有 6 个月以上生长期的丹麦猪蹄；在烹饪方面，用 30 年老汤卤，经过小火慢炖和浸泡，最少历时 12 个小时才制成。

其二，丹麦卤猪蹄是大饭工作室经过精心包装后的美食，在菜品和制作者方面都是经过了寻找、整理和提升等多个阶段打造的——其宣传口号为"以匠心的名义 筑有温度的美食"，并致力于为餐饮品牌找到适合传播的平台。

其三，基于丹麦卤猪蹄的好品质和大饭工作室的品牌包装，这一爆款菜品已经成型，接下来就需要找到一个适合传播的平台。且到家美食会的目的就是寻找爆品好菜送到家，二者不谋而合。

4.3.7 田老师红烧肉：有"妈妈的味道"双拼套餐

"田老师红烧肉"既是一个中式快餐品牌，也是一款红透了长江以北的爆款菜品。图 4-17 所示为"美团外卖"APP 上的田老师红烧肉双拼套餐相关页面。

图 4-17　"美团外卖"APP 上的田老师红烧肉双拼套餐相关页面

田老师红烧肉之所以成功，首先还是其代表的品牌文化和情感融入的结合——"365 天 ×24 小时地安慰每一个孤独又饥饿的灵魂"。在这一基调下，再加上瞄准中低收入人群而制定的低价格路线和商家打造出的色泽深棕红亮、口感丰腴秘制红烧肉，成为爆款菜品也就不足为奇了。

第 5 章

主食爆品玩法：打造竞争强的刚需产品

> **学前提示**
>
> 主食是人们日常生活中所必需的。如果说菜品是爆款的根基，那么主食则是爆款的支撑。当然，从产品刚需方面来说，相对于菜品、小吃，打造爆品主食更易具有普遍性和传播度。本章就以米饭、面条和水饺为例介绍其打造爆品的方法。

- "米饭好吃"：打造高性价比的好评爆品
- "面条不坨"：解决外卖痛点实现突围
- "水饺美味"：多方面着手打造饺子爆品

5.1 "米饭好吃":打造高性价比的好评爆品

米饭作为一道主食,是绝大多数餐厅都会有的。而这道主食相对于面条、水饺等来说,其售价又相对较低。在外卖平台上,一般米饭售价为1～2元,如图5-1所示。

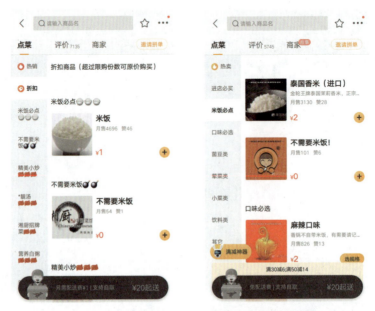

图 5-1 "美团外卖"APP 中某些店铺的米饭售价

在如此低的售价下,每份米饭能获得的利润必然也较少。而它又是刚需产品,因此,很多商家都会基于成本和定价的考虑而选择质量一般、价格也较低的大米作为食材。而且,很多餐厅都把米饭作为菜品、汤品等的附带品销售,没有引起足够重视。

然而,对消费者而言,一份米饭品质的好坏会影响到其菜品、汤品等的销售。根据"爱吃便当"对消费者进行的问卷调查可知,"米饭好吃"是消费者选择该商家便当的理由中占比最高的一项。其实,在消费者评价中,也经常看到相关评价,如图5-2所示。

然而,随着外卖平台竞争的加剧,一些餐饮商家为了通过差异性在竞争中获胜,开始着手从米饭这一主食出发来提升品牌形象。本小节就从米饭出发来讲述如何打造爆品以及典型案例。

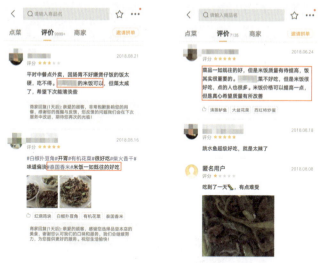

图 5-2 "美团外卖"APP 中某些店铺有关米饭的评价

5.1.1 主打米饭:3 个理由剖析米饭外卖市场

在以菜品为运营重心的餐饮外卖市场中,米有理由、大米先生、稻田麦香等商家却把目光瞄向了米饭,让米饭作为自身的主打产品,这是为什么呢?在笔者看来,主要是基于 3 个方面的考虑,具体分析如图 5-3 所示。

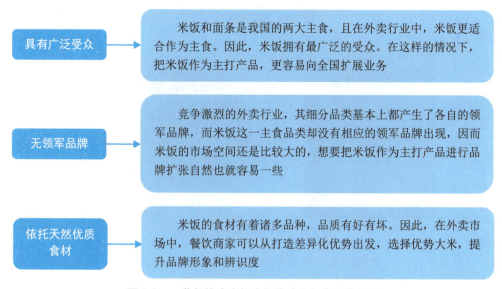

图 5-3 一些餐饮商家把米饭作为主打产品的原因

5.1.2 差异化烹饪：选择让米饭更美味的方式

同样的，因为米饭的售价低、利润少，在烹饪方面，商家一般也会选择花费成本比较少而效率高的方式，那就是使用大型蒸饭柜蒸饭。即使在科学技术发展的情况下，大多数餐厅的米饭烹饪方式还是没有太大改变，唯一变了的可能就是用来进行蒸饭的大型蒸饭柜出现了智能产品，如图 5-4 所示。

然而，我国作为一个美食的国度，米饭的烹饪方式是多种多样的。在我国古代，其烹饪方式的不同主要表现在不同的炊具上，如甑、陶鬲、釜和鬶都曾作为炊具而存在。图 5-5 所示为古代炊具中的甑和陶鬲。其中，甑至今还在使用。

图 5-4　大型智能蒸饭柜

图 5-5　古代炊具中的甑和陶鬲

发展到今天，米饭的烹饪方式更是多样化，从炊具方面来看，有电饭煲、铁锅、微波炉、木桶等；从米饭烹饪的动能来看，有柴火、煤炭、电能等。而它们又可进行组合，形成具有差异化的烹饪方式。

在这样的背景下，在提供优质食材的基础上，如何从米饭的烹饪方式出发既形成品牌差异又能让米饭更美味，不失为一种好的打造米饭爆品的方法。

5.1.3 创意产品：积极研发推出新款米饭料理

稻米作为一种食材，可以制作出各种各样的食物。因此，把米饭作为主打产品的餐饮品牌可以从这一角度出发，利用不同种类的、品质的米作为产品核心进行研发，从而制造多样化的美食，打造创意料理。

在这一方面，著名的餐饮品牌"米有理由"已经开始着手进行了。目前该品牌使用的主要是粳米——盘锦白米，这是一种盛产于辽宁省盘锦市的大米，也是一种生产在蟹田里的大米。图 5-6、图 5-7 所示分别为有着盛名的盘锦大米和"美团外卖"APP 中的"米有理由（××店）"的盘锦白米饭描述页面。

图 5-6　盘锦大米

图 5-7　"米有理由（××店）"的盘锦白米饭描述页面

作为一个以米饭为主打产品的餐饮品牌，"米有理由"又开始从米饭这一核心产品出发，致力于用各种米研发新品。据其创始人介绍，该品牌接下来准备推出红米和牛油果、牛排的组合产品以及小米南瓜粥等。相信，这些新品会因为其品牌的独特特色成为爆品。

5.1.4 做"供应商"：实现主食外卖的品牌延伸

在日常生活中，人们如果觉得哪种食材好，一般都会想知道该食材的具体信息并进行购买。如生活在湖南的都知道，一些餐厅会准备一些剁辣椒出售。这种情况在"美团外卖"和"饿了么"APP上同样存在——消费者觉得该店铺的剁辣椒味道不错，可以选择下单购买。图5-8所示为"饿了么"APP上的一些餐饮商家出售剁辣椒的相关页面。

同样的，米饭作为餐饮商家的一种产品，不仅米饭可以出售，同时还可以基于用户的需要零售袋装大米，从而成为食材大米的供应商。当然，要想成功把这一业务发展起来，就必须保证大米的优质，或是已经把米饭做成了自身品牌的特色产品。

图5-8 "饿了么"APP上的一些餐饮商家出售剁辣椒的相关页面

在线下，谷田稻香、越极米、米有理由等品牌已经开创了这一业务——它们通过与大米原产地的对接和合作，在餐饮本身的业务外还为其他众多的餐饮企业供应大米。从某一方面来说，这也属于外卖行业的范畴。当然，在线上，这一业务还没发展起来，然而随着外卖行业的发展，未来在线上开展这一业务不是没有可能。

5.1.5 案例1：禾珍珠小锅米饭——3方面提升米饭品质

禾珍珠小锅米饭作为一个餐饮品牌，从名称上来看，就可知该品牌在米饭这一主食上所下的功夫了。确实，与其他餐饮品牌相比，禾珍珠小锅米饭在米饭产品方面还是有其独到之处的。图5-9所示为"美团外卖"APP中的"禾珍珠小锅米饭(××店)"的相关页面。

图 5-9 "美团外卖"APP 中的"禾珍珠小锅米饭（××店）"的相关页面

由图 5-9 可知，禾珍珠小锅米饭餐饮品牌的一份主食，在外卖市场上普遍为 1～2 元的情况下竟然将价钱定为 26 元，而且在价格较高的情况下还受到了广大用户的欢迎，消费者好评如潮。这是为什么呢？其原因在于禾珍珠小锅米饭的优良品质。当然，这也是禾珍珠小锅米饭餐饮品牌自身努力的成果。

禾珍珠小锅米饭选用的食材是大米，没有其他食材搭配。在这一条件上，要想做出优质主食，就只有从如何激发大米最原始的香味上着手。基于此，该餐饮品牌从 3 个方面着力提升米饭品质，具体如下。

- 在烹饪器具方面，选择的是能让米饭均匀受热的釜，这一炊具更能保持大米的香味。
- 在食材选择方面，选用的是黑龙江五常稻花香有机限量大米，用其做出的米饭更加软糯又不失弹性。
- 在水质运用方面，用的也不是普通的饮用水，而是长白山天然矿泉水。这就为米饭的优质提供了更多一层保障。

5.1.6 案例 2：爱吃便当——通过优选食材打造爆款主食

2017 年 10 月 27 日，"怀揣敬畏之心，想做一份不一样的工作午餐"的爱吃便当正式发布。它致力于用专业诠释安全、健康、美味、准时，希望重新定义工作午餐，打造"外卖 2.0 版"便当。图 5-10 和图 5-11 所示分别为"爱吃便当"微信公众号页面的外卖入口和"美团外卖"APP 中的"爱吃便当(××店)"的相关页面。

图 5-10 "爱吃便当"微信公众号页面的外卖入口

图 5-11 "美团外卖"APP 中的"爱吃便当（××店）"页面

在主食方面，爱吃便当有着突出特色，特别是食材上，结合了优选大米和魔芋，再加上独特的制作工艺，成功打造了一份爆款主食，具体分析如图 5-12 所示。

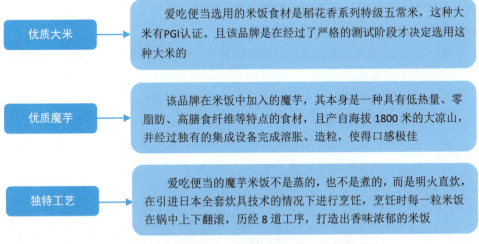

优质大米	爱吃便当选用的米饭食材是稻花香系列特级五常米，这种大米有PGI认证。且该品牌是在经过了严格的测试阶段才决定选用这种大米的
优质魔芋	该品牌在米饭中加入的魔芋，其本身是一种具有低热量、零脂肪、高膳食纤维等特点的食材，且产自海拔1800米的大凉山，并经过独有的集成设备完成溶胀、造粒，使得口感极佳
独特工艺	爱吃便当的魔芋米饭不是蒸的，也不是煮的，而是明火直炊，在引进日本全套炊具技术的情况下进行烹饪，烹饪时每一粒米饭在锅中上下翻滚，历经8道工序，打造出香味浓郁的米饭

图 5-12 "爱吃便当"餐饮品牌的爆款主食打造分析

5.1.7 案例3：谷田稻香——以瓦锅饭来实现差异制胜

谷田稻香餐饮品牌创立于2002年，它在全国各地的多个城市有100多家直营店，且各直营店在外卖平台上也开设了店铺。图 5-13 所示为"美团外卖"APP 中的"稻田麦香（××店）"的相关页面。

图 5-13　"美团外卖"APP 中的"谷田稻香（××店）"的相关页面

该餐饮品牌首先把自己定位为瓦锅饭专家，以主打瓦锅饭来实现差异制胜。其食材与禾珍珠小锅米饭、爱吃便当一样，选用的也是五常稻花香大米。另外，在烹饪方式上，采用的是瓦锅做饭——用水浸泡大米 40 分钟，香油搅拌，放入瓦锅里，再放入瓦锅机里煲 15 分钟。用这种方式做出来的米饭，其味更香，且色泽鲜艳，极受喜欢米饭的消费者欢迎。

5.2　"面条不坨"：解决外卖痛点实现突围

相对于米饭来说，面条外卖市场因为其本身的特性，一般是很难做出特色的，然而还是有一些餐饮品牌突破重围，打造了一些面条爆品。本节将介绍面条爆品打造的相关内容。

5.2.1　痛点 1：外卖面条坨了，影响好评

大家都知道，面条煮久了或放久了，是很容易坨的，这一问题在堂食时都可能存在。而外卖行业中的面条，还有配送这一环节，就更容易让这一问题成为打造爆品和提升用户体验的难题。因此，不仅以面条类为主食的餐饮外卖商家少，而且这类商家产品的差评也会比较多。图 5-14 所示为某一以面条为主食的外卖店铺的评价页面。

图 5-14 以面条为主食的外卖店铺的评价页面

5.2.2 痛点 2：产品制作无标准，产能低

一般来说，以面食为主食的餐饮商家，其面条一般都是手工制作，特别是拉面、刀削面等。在这种情况下，不仅不同的人制作的面条是不同的，同一个人制作的面条也存在差异——会因为各种原因而使得面条不可能完全一模一样。因此，相较于米饭而言，面条制作工序和环节更多，在标准化生产方面，也就明显更难。

既然说到手工制作，那么其效率必然不会太高，这就决定了其产能低。而在产能低的情况下，如果用餐人数多，而人手又不足，为了有限地提升效率，那么在标准化方面更是难以保证。

5.2.3 汤底要清透鲜美，面条要保证筋道

对喜食面条的人们来说，一碗面条是否美味，关键在于面条和汤底。如果一家餐饮品牌的面条筋道，而汤底清透、鲜美，那么，其面条就不可能不获得消费者的好评。

可见，对面条这一主食来说，"熬好汤，做好面"是美食的精髓，也是原汤面品牌——麦乡面成就品牌之路的要诀。具体介绍如图 5-15 所示。

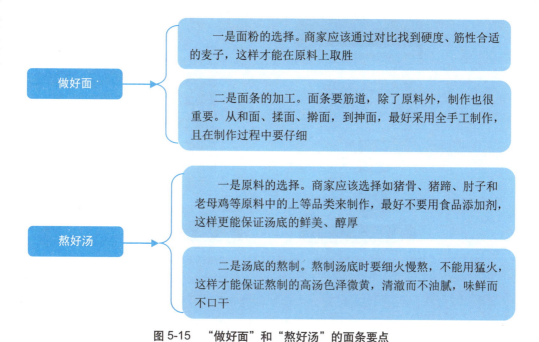

图 5-15 "做好面"和"熬好汤"的面条要点

5.2.4 配送过程最好保持恒温,保证口感

在外卖行业中,经营面条品类的餐饮品牌比较少,而其中能把汤面卖出好品质的就更少了,其原因还是在于面条的味道。而影响汤面味道的原因无非是两个,一是面条容易坨,二是面条凉了不好吃——汤面品类中还是热汤面更能保证口感。

这里提及的两个原因,又恰是汤面外卖中难以解决的问题。其中,面条容易坨在前文中已经多处提及了,这里就不再详述。而要想保证汤面的温度,就需要在配送上下功夫。

针对这一方面,"馋师兄秘制川味原汤面"就做得比较成功。它不仅通过自身的努力解决了面条容易坨而影响口感的问题,还在配送过程中做到了全程80度恒温,践行"面条外卖不糊汤,口感味道如堂食"的理念,解决了送餐时的温度问题,从另一方面确保面条的口感。图5-16所示为"美团外卖"APP中的"馋师兄秘制川味原汤面(××店)"的相关页面。

图 5-16 "美团外卖"APP 中的"馋师兄秘制川味原汤面（××店）"的相关页面

5.2.5 案例 1：拌调子热干面——品牌强竞争力助力成功

图 5-17 所示为"美团外卖"APP 中的"拌调子热干面（××店）"的招牌热干面相关页面。该店铺的招牌产品"祖传杂酱"热干面，月销量达到了 620 多单，获得了消费者的广泛好评。

那么，该餐饮品牌成功的背后究竟有着怎样的运营故事和技巧呢？在笔者看来，拌调子热干面餐饮品牌的成功，主要还是源于其品牌的强竞争力。这种强竞争力首先体现在其餐饮运营的专业化和规模化——从产品研发到餐品供应，都有专业、高素质的团队和固定的流程。

图 5-17 "美团外卖"APP 中的"拌调子热干面（××店）"的招牌热干面相关页面

另外，其在主食品类——热干面产品上的成功则是餐饮品牌获得成功的支撑和推动力。而拌调子热干面的热干面产品的推出，自有其背后巨大的努力和大量的工作——历时两年多，进行了千余次的反复试验对比，才确定了面条的配方和工艺。其具体分析如图5-18所示。

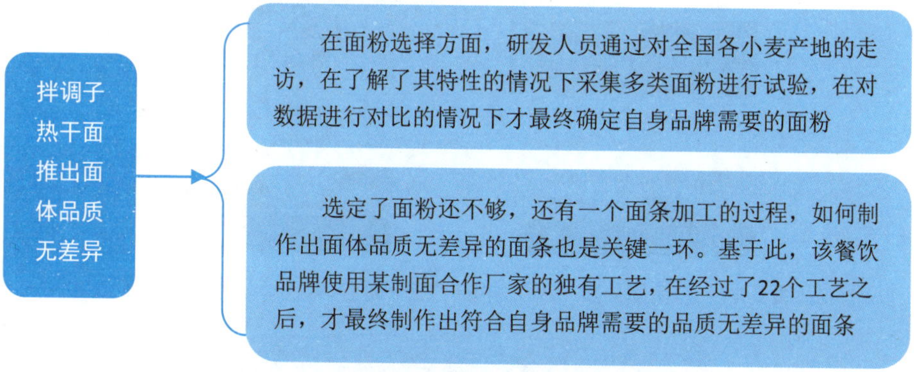

拌调子热干面推出面体品质无差异

- 在面粉选择方面，研发人员通过对全国各小麦产地的走访，在了解了其特性的情况下采集多类面粉进行试验，在对数据进行对比的情况下才最终确定自身品牌需要的面粉
- 选定了面粉还不够，还有一个面条加工的过程，如何制作出面体品质无差异的面条也是关键一环。基于此，该餐饮品牌使用某制面合作厂家的独有工艺，在经过了22个工艺之后，才最终制作出符合自身品牌需要的品质无差异的面条

图 5-18 拌调子热干面推出面体品质无差异介绍

5.2.6 案例2：智能缔一面——机器人制作的外卖面条

既然称为"智能缔一面"，那它的智能化主要体现在哪呢？其实，智能缔一面是一家主打面条品类、使用机器人制作面食的外卖品牌。图5-19所示为"美团外卖"APP中的"缔一面（××店）"的相关页面。

截至2017年4月，该餐饮外卖品牌已经拥有一个面条加工厂和一家外卖站。在这样的条件下，智能缔一面实现了每分钟可煮3碗面、外卖站每分钟可完成1～2个订单的智能化运营。

在装备了智能机器人的智能缔一面外卖服务中，不仅节省人力资源和管理成本，同时还利用机器人的特性，打造出制作流程、口感标准化的优质面条——面条具有筋道、爽滑、不粘坨、不黏糊等特点。

同时，在人的配合下，智能缔一面餐饮外卖品牌的工作变得更加简单和流程化。在其外卖站中，一个完整的工作流程只需一台机器人、一名配餐员和一名打包员就可快速完成更多订单。其具体的工作流程如图5-20所示。

图 5-19 "美团外卖"APP 中的"缔一面(××店)"的相关页面

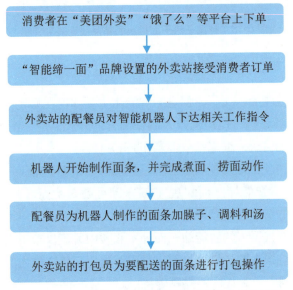

图 5-20 "智能缔一面"餐饮品牌外卖站的工作流程

5.3 "水饺美味":多方面着手打造饺子爆品

在我国北方,有"离家饺子回家面"的说法。可见,在北方饺子是能与面条相提并论的主食。而且,饺子作为一种传统饮食品类,还具有与众不同的地位——人们在各种节日里会煮饺子表达祝愿。本节以水饺为例,介绍打造爆款主食的技巧和一些典型案例。

5.3.1 做好馅料：6个要点需要注意

关于水饺，要想让自身品牌的产品更优质，那么做出美味的饺子馅是非常有必要的，这也是确保用户好评的必要条件之一。如果一家外卖店铺的水饺馅的味道不好，那么，差评是必然的。其实，水饺作为主食，与米饭相比，它的馅更多的是等同于菜品。可见，做好馅的重要性。

图 5-21 所示为做好馅需要注意的几个事项。

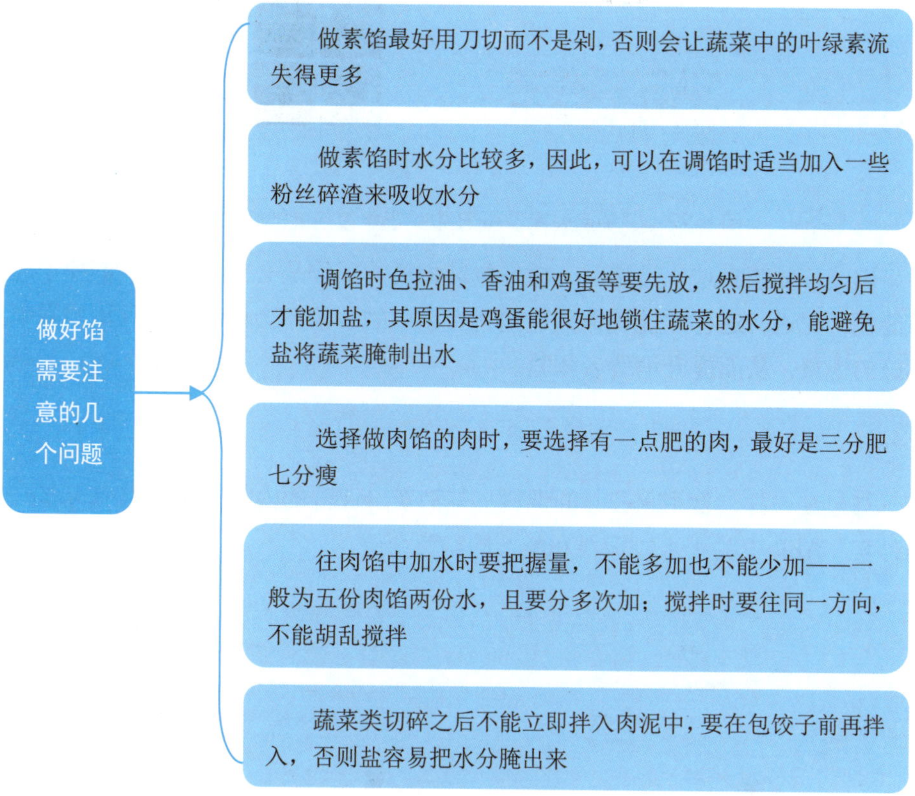

```
做好馅需要注意的几个问题
├─ 做素馅最好用刀切而不是剁，否则会让蔬菜中的叶绿素流失得更多
├─ 做素馅时水分比较多，因此，可以在调馅时适当加入一些粉丝碎渣来吸收水分
├─ 调馅时色拉油、香油和鸡蛋等要先放，然后搅拌均匀后才能加盐，其原因是鸡蛋能很好地锁住蔬菜的水分，能避免盐将蔬菜腌制出水
├─ 选择做肉馅的肉时，要选择有一点肥的肉，最好是三分肥七分瘦
├─ 往肉馅中加水时要把握量，不能多加也不能少加——一般为五份肉馅两份水，且要分多次加；搅拌时要往同一方向，不能胡乱搅拌
└─ 蔬菜类切碎之后不能立即拌入肉泥中，要在包饺子前再拌入，否则盐容易把水分腌出来
```

图 5-21　做好馅需要注意的几个问题

5.3.2 做好包装：能提升消费者体验

如果以水饺为主打产品的餐饮商家多关注后台评论的话会发现，有一些差评是专门针对饺子卖相和包装的，特别是由于配送时间长而导致饺子粘成一团时，更会被消费者吐槽。图 5-22 所示为"美团外卖"APP 中关于水饺包装的相关评论。

图 5-22 "美团外卖"APP 中关于水饺包装的相关评价

因此,要想打造水饺爆品,做好包装相关的工作是必需的——既能便于包装又能便于配送,这样才能确保到达消费者手中的水饺不会因为各种原因出现包装不好的现象,从而提升消费者体验。

5.3.3 口味搭配:调料配菜花样要多

与包装一样,食用水饺时的调料也是消费者评价的内容。图 5-23 所示为"美团外卖"APP 中关于水饺调料和配菜的相关评价。

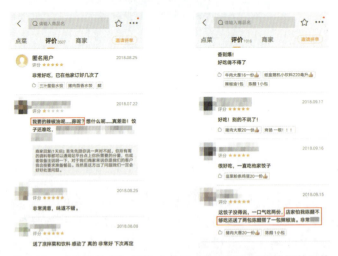

图 5-23 "美团外卖"APP 中关于水饺调料和配菜的相关评价

当然，为满足消费者的不同口味，一般商家都会准备多种调料以供消费者选择。而在配菜方面，在品类上有凉菜、店铺特色菜和烧烤等，花样繁多，味道各异。只有这样，才能让消费者在享受美味水饺的同时让其味道更上一层楼，从而为打造水饺爆品提供强有力的助力。

图 5-24 所示为"美团外卖"APP 中的一家名为"鸿毛饺子(××店)"为消费者准备的调料和配菜示例。

图 5-24 "美团外卖"APP 中的一家名为"鸿毛饺子(××店)"为消费者准备的调料和配菜示例

当然，有时为了配送方便和生产标准化，外卖商家也可以把调料准备一个精致的包装，这样既能提升餐饮品牌的形象，又能避免消费者因为调料不足而给出差评。

总之，在打造水饺爆品时，外卖商家不能忽视调料和配菜这一小的环节。它关系到众多消费者的消费体验，决定了商家产品能否受消费者喜欢和性价比的高低，也是决定商家产品能否成为爆款的重要因素。

5.3.4 注重服务：在细节上为品牌加分

所谓"细节决定成败"，在水饺爆品打造中同样如此。有时候外卖服务中的一个小细节也能为品牌加分，让其成为爆品。

在水饺馅料中，如果其中包含了韭菜，一般都气味比较重，且食用水饺时很多人喜欢配一些蒜瓣，这样就会导致口腔中有很大的食物气味。此时消费者就非常期望有口香糖来清新口气，特别是在一些公共场合，更是消费者的迫切诉求。

如果外卖商家考虑到这一点的话，可以从满足消费者需求出发配送一块口香糖。当然，为了进一步提升消费者对外卖商家的辨识度，可以为口香糖设置一些与自身餐饮品牌有关的包装，如线下店铺地址、联系电话和LOGO等。在这方面，其他一些品类的外卖商家有相似的案例，外卖水饺商家可以借鉴。图5-25所示为外卖配送的口香糖。

图5-25　外卖配送的口香糖

另外，从消费者用餐的角度考虑，在餐巾纸、牙签等方面加以注意也是一个提升消费者体验的重要措施。当然，还有其他很多地方，都是外卖商家可以给自身品牌加分的。只要细细思量，从消费者角度出发，处处为消费者着想和服务，那么打造水饺爆款也是完全有可能的。

5.3.5　案例1：小恒水饺——3个方面成就外卖品牌

小恒水饺正式成立于2014年，是一家采用线下门店、线上外卖的餐饮品牌。图5-26所示为"饿了么"APP中的"小恒水饺（××店）"的相关页面。

该水饺品牌的发展还得从2010年算起。在2010年，小恒水饺就开始着手进行产品的研发，历经4年半的时间，在投资了数百万元进行研发和尝试了众多饺子产品的情况下，终于成功创建了拥有自身特色的纯手工的自创品牌水饺。

图 5-26 "饿了么"APP 中的"小恒水饺(××店)"的相关页面

在小恒水饺品牌的运营模式中,其外卖业务的营收占比是 40%,且还在保持较高的增长速度——每月 10% 的增速。可见,小恒水饺在外卖运营方面还是比较成功的。当然,这种成功主要源于 3 个方面,具体分析如下。

1. 有特色的水饺和凉菜

小恒水饺具有皮薄、筋道、容易消化的特点,这主要是因为其在制作和食材选择方面提供了保障,如图 5-27 所示。

优质的小恒水饺的制作和食材选择	在食材选择方面,小恒水饺选取的面粉是优质的,在肉馅方面选择的是把肉筋剔除干净了的冷鲜肉,而蔬菜选用的也是口味更佳的应季蔬菜
	在食材制作方面,小恒水饺采用纯手工制作,且在制作过程中倡导安全、绿色、健康的理念——坚持少油少盐无多余添加

图 5-27 优质的小恒水饺的制作和食材选择

小恒水饺不仅在制作和食材选择方面有自己的特色和理念,还为消费者提供了多种口味,如小恒三鲜水饺、豆角猪肉水饺和牛肉圆葱水饺等招牌产品——随着时令食材的变化为消费者更新水饺产品。

除了优质的水饺外,小恒水饺提供的凉菜系列产品,如老醋木耳、营养皮冻、芹菜花生米、桂花糯米藕、香辣牛板筋等，也物美价廉。它还通过线下门店的真空包装产品进行单独售卖扩大了产品的影响力，从而促进了外卖业务的发展。

2．与时尚结合的品牌文化

小恒水饺的品牌标语为"吃饺子是件时尚的事"，把水饺与时尚结合起来，提升了品牌的整体形象。而在 LOGO 方面，小恒水饺无论是线下还是线上，都包含有一个带着笑脸的拟人化的小黄水饺，在增加趣味性的同时也体现了积极、向上的正能量。图 5-28 所示为小恒水饺的 LOGO 图片。

图 5-28　小恒水饺的 LOGO 图片

3．注入多个有优势的新元素

关于小恒水饺这一品牌，它除了必备的线下门店外，还有着自身的水饺研发团队和用于生产的两家中央工厂。其中，纯手工制作、冷链配送、垂直电商都是小恒水饺这一品牌有着相对优势的新元素，能更好地为"线下实体店＋线上外卖"的运营模式提供保障。

5.3.6　案例2：喜家德水饺——追求高端品质的品牌

喜家德水饺创立于 2002 年，是我国水饺餐饮连锁企业的领导品牌。它是一个定位为中上品质的餐饮品牌，虽然在价格上走的是平价路线，但是品质追求上走的却是高端路线。

喜家德水饺品牌在制作工艺上一直是高标准、高要求。它不仅采用的面粉是无添加的天然面粉，选择的肉制品也是优质的——是能排除有害物质且能抑制微生物繁殖的排酸冷鲜肉。而其人均 20～30 元的价格定位，对大多数消费者来说，的确是物超所值。凭借其高性价比，喜家德水饺不仅赢得了消费者的好口碑，也具备了一定的市场影响力。

第 6 章

小吃爆品玩法：发展有特色的连锁品牌

> **学前提示**
>
> 　　我国是一个美食的国度，除了能满足人们日常需要的众多美味菜品和主食外，还有种类众多、风格各异的各地传统小吃。在外卖行业中，经营小吃的商家也不少。本章就以麻辣烫、米粉和卤味为例，介绍如何打造外卖小吃爆品。

- 麻辣烫爆品小吃：市场占有率居高不下
- 米粉爆品小吃：实现跨地域的品牌发展
- 卤味爆品小吃：成熟品牌下的商家崛起

6.1 麻辣烫爆品小吃：市场占有率居高不下

麻辣烫是我国的一种传统特色小吃，最初起源于四川乐山地区。说起来，人们喜欢的火锅，从某种程度上来说，是吸收了麻辣烫的优点而进行改良的结果。据《中国餐饮报告（白皮书2017）》的数据显示，相对于黄焖鸡米饭、沙县小吃、兰州拉面等小吃的市场占有率，麻辣烫明显更高，如图6-1所示。

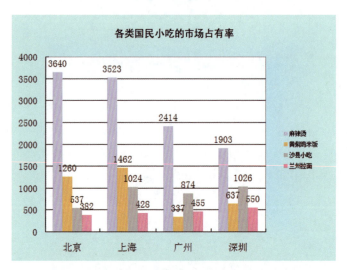

图6-1 超一线城市的各类国民小吃的市场占有率

由图可知，在如今的国民小吃市场上，麻辣烫的市场占有率在各地都居高不下，甚至在有些城市已经高于黄焖鸡米饭、沙县小吃、兰州拉面的总和，已经成功成为"霸主"。那么，在这一存量大、增量大的小吃外卖市场中，如何才能打造爆品呢？本节将介绍如何打造外卖麻辣烫爆品和一些已经成功的案例。

6.1.1　3个方面打造个性化、精细化麻辣烫

在如今的外卖市场中，面临"同质化严重"的问题的麻辣烫要想在竞争中获胜，就必须从传统的运营思维中走出，打造新式麻辣烫。图6-2所示为新式麻辣烫的共性特征。

由图可知，在新式麻辣烫出现之后，麻辣烫商家只有打造个性化、精细化的麻辣烫，才有可能脱颖而出，打造小吃爆品。换句话说，麻辣烫商家应该在现有的市场环境下，或是让自身的麻辣烫产品从视觉上取胜——这在外卖麻辣烫中尤为重要，或是从产品上努力，进行市场调研而不断进行创新。

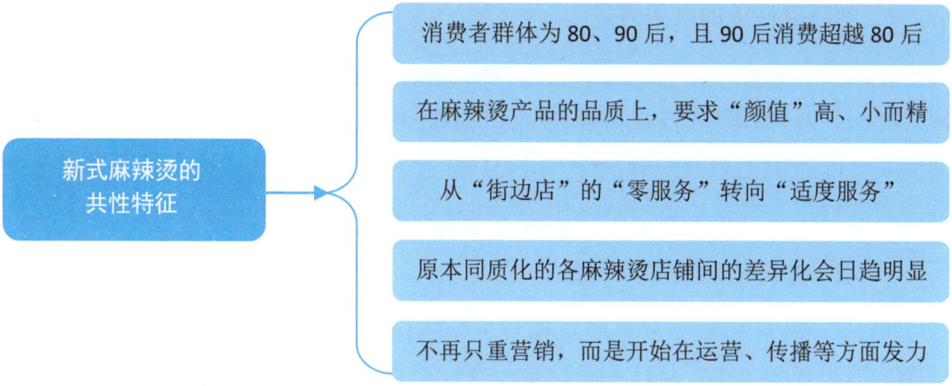

```
新式麻辣烫的     ┌─ 消费者群体为 80、90 后，且 90 后消费超越 80 后
共性特征       ├─ 在麻辣烫产品的品质上，要求"颜值"高、小而精
            ├─ 从"街边店"的"零服务"转向"适度服务"
            ├─ 原本同质化的各麻辣烫店铺间的差异化会日趋明显
            └─ 不再只重营销，而是开始在运营、传播等方面发力
```

图 6-2　新式麻辣烫的共性特征

关于如何打造个性化、精细化的麻辣烫，笔者在此将为大家提供 3 个实用技巧，具体内容如下。

1. 打造有颜有品的汤底

在麻辣烫餐饮品类中，汤底非常重要。不管是堂食还是外卖，只有汤底好，才能确保麻辣烫的口味。当然，汤底的颜值也很重要，如果汤底看起来让人倒胃口，那么想要消费者喜欢你的麻辣烫产品也是很难的。

从这一技巧来看，一款新推出的汤底——番茄汤底就比较吸睛，如图 6-3 所示。这一款汤底不仅颜色鲜亮，在口味上也不同于其他汤底，酸甜的番茄汤底真的特别开胃。

图 6-3　麻辣烫番茄汤底

2．创新麻辣烫的食用方式

在消费者看来，一般的麻辣烫是在汤底里煮熟了之后直接就着汤或者麻酱食用。然而，麻辣烫外卖商家可以在制作方式上做适当修改。例如，可以从麻酱方面着手，准备用途不同的麻酱——既可以干拌还可以蘸着吃，这样就能通过改变消费者的食用方式打造更趋个性化、精细化的麻辣烫。

3．取一个好的店铺和品牌名

80后、90后，是一个更注重视觉感受的消费者群体，因此，店铺的名字也会影响消费者的选择。从这一点出发，在同质化问题严重的麻辣烫市场上，商家可以选取一个好的店铺和品牌名称。例如，后文中要介绍的"亲爱的麻辣烫"，就好记又好读，且该名称还能表达一种亲密可信任的关系。这样的品牌名称，一般会对消费者造成较大的视觉冲击，从而让他们在众多商家中选择你。

6.1.2　同质化倾向下要注重麻辣烫品牌发展

如今在麻辣烫市场上，还没有大的明星品牌出现。而在同质化倾向明显的环境下，如果能在麻辣烫市场洗牌中让自身的品牌打响知名度，获得形象方面的提升，那么打造麻辣烫外卖爆品也就成了一件轻而易举的事。

因此，要注重品牌的发展，并可以借助外力来让自身"内力"充沛，打造不同一般的麻辣烫品牌，其目标如图6-4所示。

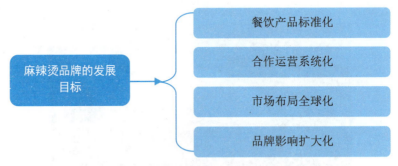

图 6-4　麻辣烫品牌的发展目标

在这样的目标指引下，麻辣烫可以在不断的发展中把自身的运营、后厨、加盟和招商中的优势环节进行优化组合，从而实现品牌的前端、后端资源共享。当然，在可能的情况下，还可以基于多个品牌进行优化组合和资源共享。这样不仅能实现自身品牌的发展，还能营造一种利于麻辣烫运营的氛围，促进共同发展。

6.1.3　案例1：大舌头麻辣烫面——外卖品类的创新

2009年10月，秦皇岛第一家"大舌头麻辣烫面"开业，发展到2018年，已成为有600多家加盟店的餐饮品牌。图6-5所示为"美团外卖"APP中的"大舌头麻辣烫面（××店）"的相关页面。

图6-5　"美团外卖"APP中的"大舌头麻辣烫面（××店）"的相关页面

大舌头麻辣烫面发展如此迅速，离不开其独特的品牌特色。看到该品牌的名称就会发现，相较于其他麻辣烫商家，它多了一个"面"字。然而，对大舌头麻辣烫面来说，却绝不只是这么简单，它还包含该品牌基于消费者需求而做出的在品类上的创新。

一般的麻辣烫商家，所准备的粉面类品种无非是粉丝、方便面等，是不会出售不适合在麻辣烫中烹煮的手工面或刀削面的。基于这一市场空缺和机遇，大舌头麻辣烫面利用自己独特的汤底把麻辣烫和手工面这两个品类结合起来，实现了巨大的创新。同时，也把自身与其他的麻辣烫品牌区分开来，提升了品牌的辨识度，让众多消费者一想到"麻辣烫面"，就能联想到"大舌头"这一品牌。可见，该品牌在品类创新方面所造成的影响和对自身品牌的发展是非常深远的。

这里说到了大舌头麻辣烫面独特的汤底，那么，它到底独特在哪呢？首先，来说说它不同口味的汤底。在"美团外卖"APP的一家大舌头麻辣烫面的外卖店铺中，展示了10种口味的汤底。其中，从汤底主要原料的不同来看，分成了4种，即藤椒口味、番茄口味、黑芝麻酱香和咖喱鸡汤，如图6-6所示。

而从麻、辣的程度上来分，大舌头麻辣烫面把口味分成了6种，如图6-7所示。

相对于其他麻辣烫商家都带有辣度的汤底,大舌头麻辣烫面的汤底不仅为消费者提供不同辣度、麻度的汤底,还提供完全不辣的清汤汤底,让那些想要享受麻辣烫的美味却因为其所具有的辣度而望而却步的消费者下单消费。

图6-6　大舌头麻辣烫面的4种口味

图6-7　麻、辣程度不同的6种口味

其次,大舌头麻辣烫面明确地提出"剩菜不上,剩汤必扔",这让那些因为觉得麻辣烫"不干净""不新鲜"而不敢食用的消费者也痛快地下单购买。可见,大舌头麻辣烫面致力于将其打造成一款具有差异化、"放心的麻辣烫"爆品。

6.1.4 案例2：乐山八婆麻辣烫——占据品类制高点

乐山八婆麻辣烫是一家最初创建于麻辣烫起源地——四川乐山牛华镇的麻辣烫店铺。随着店铺的发展和名气的提升，该品牌不断吸引着众多美食爱好者前来品尝。特别是在总店，一到节假日，总是出现从中午就开始排队和经营至深夜的状况。那么，这一麻辣烫爆品是如何发展起来的呢？在笔者看来，主要源于3个方面，具体如下。

1. 食材——保留发源地风貌，做出差异化

乐山八婆麻辣烫餐饮品牌的食材特色，除了其具有的有发源地特色的烟熏竹笋（峨眉山）、油炸豆腐干（犍为）等之外，还表现在其非常正宗的蘸碟方面。图6-8所示为"美团外卖"APP的"乐山八婆麻辣烫（××店）"展示的一些蘸碟。

图6-8 "美团外卖"APP的"乐山八婆麻辣烫（××店）"展示的一些蘸碟

由图可知，该店铺外卖业务中的蘸碟有5种，这些蘸碟的调味料非常考究，包括了花生、小米椒、秘制辣椒面、蒜泥、香油、香菜等，且在大的类别上分为干碟和油碟。正是因为这些多类别、多口味的蘸碟，使得该品牌的各种麻辣烫串串都卖得非常火。

2. 体系——供应链共享，实现集约化发展

上面提到了具有发源地特色的食材和考究的蘸碟，它们在形成该餐饮品牌的特色的同时，也对后期发展中的后端供应链提出了更高的要求。为了解决这一

问题，乐山八婆麻辣烫从标准化、精细化的角度出发，实现了供应链的集约化发展——与其他需要这些原料的多家餐饮品牌合作，进行集中采购。

3．品牌——占领一线城市，站上品类高点

乐山八婆麻辣烫在获得了发展的前提下，并不局限于眼前，而是积极谋求在更广范围内占有市场份额。首先，乐山八婆麻辣烫走出乐山，开始在以美食著称、竞争非常激烈的一线城市成都发展起来了，而后又在四川多个地区拓展分店。不仅如此，乐山八婆麻辣烫还走出了四川省，在广东深圳、安徽合肥和河北邢台等地拥有加盟店。正是通过在这些城市的品牌拓展，使得该麻辣烫品牌利用"起源地"招牌，积累了足够的品牌势能，成功占据麻辣烫品类的高点。

6.1.5 案例3：亲爱的麻辣烫——3个方面走向成功

亲爱的麻辣烫是一个始创于2016年的麻辣烫连锁餐饮品牌。截止到2018年，通过"直营+托管+加盟"的方式，该品牌已经拥有150家连锁店。线下运用得好了，各门店也开始尝试在外卖市场上分一杯羹。图6-9所示为"美团外卖"APP上的"亲爱的麻辣烫（××店）"的相关页面。

图6-9 "美团外卖"APP中的"亲爱的麻辣烫（××店）"的相关页面

亲爱的麻辣烫品牌在走向成功的路上，有以下两点值得其他商家借鉴。

1. 品牌定位："可以喝汤的麻辣烫"

在品牌产品方面，亲爱的麻辣烫品牌以做"可以喝汤的麻辣烫"为目标，推出了辣汤和不辣的骨汤麻辣烫。另外，它还创新了一款味道更为浓郁的"干拌麻辣烫"，如图6-10所示。

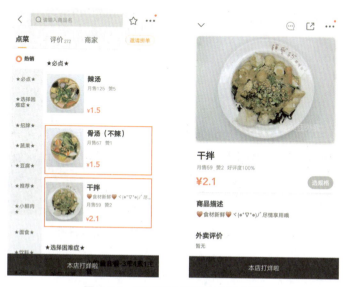

图6-10 亲爱的麻辣烫的产品创新

2. 用户定位：激发年轻人的消费活力

亲爱的麻辣烫，从名称和LOGO设计上来看，体现出了它的消费者群体更多是针对年轻人，而其带给消费者的感觉也是"一家极具少年感的美好的店"。并且，从2018年开始，亲爱的麻辣烫也把更多的精力用在了如何激发年轻人的消费活力上。

例如，与孟京辉所在的话剧团——黑猫剧团进行跨界合作，提供给消费者与黑猫剧团见面会名额，消费者可以通过分享"亲爱的麻辣烫"微信公众号文章、参与亲爱的麻辣烫的话题——#说说你想去参加剧团见面会的理由#和在"亲爱的麻辣烫"微信公众号上留言3种方式来获取。

另外，还有其他一些活动，如"周一蔬醒日"活动——只吃蔬菜有折扣、520告白日"拍卖"表白麻辣日历广告位等，都是针对年轻人而发起的运营与营销活动。

3．细节服务：别具一格的"麻辣日历"

在细节方面，亲爱的麻辣烫也进行了多方面的完善，力求打造能击中消费者痛点和体现差异性的服务。如其在收银小票上设计的"麻辣日历"就别具一格，通过每天更新的一句调侃，来娱乐和打动消费者，如图6-11所示。

图6-11 亲爱的麻辣烫收银小票上的"麻辣日历"

6.2 米粉爆品小吃：实现跨地域的品牌发展

在全国各地，人们总能看到各种各样的米粉店，如桂林米粉、邵阳米粉、津市牛肉粉、云南过桥米线等。其产品大多物美价廉，因此成为很多美食爱好者和有需要的消费者喜欢光顾的地方。如今，米粉的市场占有率完全可以比肩其他四大国民小吃。在这样的环境下，餐饮商家应如何打造米粉爆品呢？本节将从3个方面讲述米粉爆品的打造，并以"霸蛮"和"四有青年"为例来进行具体介绍。

6.2.1 从市场特征出发，了解米粉外卖市场

在我国的米粉市场上，存在两个明显特点，即地域划分非常明显、外来米粉受追捧。下面将进行具体介绍。

1．地域划分非常明显

所谓地域划分非常明显，这从米粉的名称上就可看出来。如米粉种类比较多的湖南省，有常德米粉、衡阳鱼粉、怀化鸭子粉、长沙米粉和邵阳米粉，其中每一个种类名称都包含地名。其实，其他地方的米粉也不遑多让，都是嵌入了地名

在其中的,用来代表着当地米粉的地理特色。

专家提醒

我国的米粉种类多,而且在南方,米粉已经完全融入了人们的生活,食用米粉已经成为生活常态。但是,不同地区之间,米粉的差异性明显。表 6-1 所示为我国米粉种类较多的地域分布示例。

表 6-1 我国米粉种类较多的地域分布示例

省 份	米粉种类
湖南	常德米粉、长沙米粉、邵阳米粉、衡阳鱼粉、怀化鸭子粉
海南	海南粉、陵水酸粉、抱罗粉、后安粉
贵州	贵阳米粉、遵义羊肉粉、花溪牛肉粉
广西	桂林米粉、柳州螺蛳粉、南宁老友粉
广东	潮汕粿条、肇庆竹篙粉、陈村粉
四川	绵阳肥肠米粉、南充米粉

我国这些种类多、具有明显地域差异性的米粉,要想跨区域发展,打造名副其实的爆品,还需具备 3 个方面的特征,如图 6-12 所示。

```
                    ┌─ 米粉品牌应该有一个容易让人辨认的记忆点,
                    │  这样才能具有高的市场认知度
我国米粉打造爆品需 ──┼─ 米粉产品在生产和运营方面必须易于标准化,
要具备的特征        │  为快速复制提供条件
                    └─ 米粉品牌在发展过程中要学会包容,这样才能
                       便于实现产品的创新和多样化
```

图 6-12 我国米粉打造爆品需要具备的特征

2. 外来米粉受追捧

说到外来米粉,就不得不提比较火的越南粉。关于越南粉,在米粉这一小吃领域中,大家熟知的就有两个品牌,即上海的 PHO 东田越南粉和深圳的"蔡澜 Pho"。它们凭借自身 IP、独特的环境设计和产品味道等因素,实现了品牌的做大、做强。在我国,这两个越南粉虽然人均消费较高,却受到了消费者的追捧。

6.2.2　从价值感出发，完成小吃正餐化的转变

对一般的米粉商家来说，大多数的定位是作为消费者的早餐、零食小吃。其实，这样的定位首先就有了限制，对米粉的跨区域发展和走向全国不利。因此，在运营米粉这一小吃时，要从打造价值感出发，助其完成小吃正餐化的转变。

在帮助米粉完成小吃正餐化的转变中，打造价值感是关键。而要打造属于米粉的价值感，在笔者看来，一方面需要从品牌文化的角度出发，让消费者理解和接受米粉作为正餐的理念——而这需要一个契机和长久的思想影响；另一方面，米粉商家还可以从店面的视觉设计和原材料方面加以思虑，打造颇具差异化和更精细化的米粉品牌，从而打造价值感，具体分析如图6-13所示。

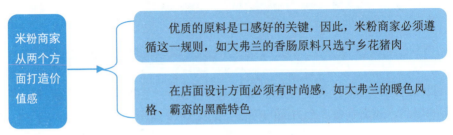

图6-13　米粉商家从两个方面打造价值感

在线下品牌有了价值感和快速发展的情况下，那么，该品牌的外卖业务获得消费者认可也就有了巨大的支撑。此时再保证外卖产品与线下门店产品有着同样的品质，同时做好配送环节的工作和提升消费者的外卖订单体验，那么做好外卖运营也就顺理成章了。

6.2.3　从消费习惯出发，进行改进和微创新

一般人都认为，正宗的就是好的。然而，由于米粉的地域性特色明显，如果只是确保其正宗性，那么，想要获得跨区域发展是不易的。因此，想要打造米粉爆品，那么在继承某一米粉的传统特色的基础上，再根据更大范围内的潜在消费者群体的饮食习惯、消费习惯等进行改进和微创新，才是米粉的正确发展之道。

在这一方面，"大弗兰｜湖南｜小吃｜米粉"品牌就做得很成功。大弗兰(同"大湖南"，湖南式的普通话)团队一点一点寻找和积累配方，在去除了米粉和其他湖南小吃极辣和极臭的口味的情况下，对配方和工艺进行升级，从而利用适用性更广的口感和口味赢得了更多消费者的青睐。图6-14所示为"美团外卖"APP中的"大弗兰｜湖南｜小吃｜米粉(××店)"的相关页面。

图 6-14 "美团外卖"APP 中的"大弗兰｜湖南｜小吃｜米粉（××店）"的相关页面

6.2.4 案例 1：霸蛮牛肉粉——借助新零售东风展开外卖

霸蛮牛肉粉（原名"伏牛堂"）创立于 2014 年，截止到 2018 年，已经成为拥有 26 家门店的餐饮品牌。霸蛮牛肉粉更多地注重线上外卖的运营和发展——其外卖营收占比达 80%。它不仅在现有门店的基础上，在"美团外卖"和"饿了么"APP 上展开外卖业务，还开设了多个外卖专店。

图 6-15 所示为"美团外卖"APP 中的"霸蛮牛肉粉（××店）"的相关页面。

图 6-15 "美团外卖"APP 中的"霸蛮牛肉粉（××店）"的相关页面

更重要的是，霸蛮牛肉粉借助新零售的东风，于 2016 年 11 月份在京东众筹上推出了预包装速煮牛肉粉，销售量超过 500 万份，然后在电商平台天猫、京东上推出了霸蛮相关产品的外卖业务。图 6-16 所示为在淘宝、京东平台上搜索"湖南米粉"显示的相关页面，其中霸蛮品牌始终都在前列。

图 6-16　在淘宝、京东平台上搜索"湖南米粉"显示的相关页面

6.2.5　案例 2：四有青年——3 个方面打开米粉外卖市场

相较于霸蛮牛肉粉通过新零售的方式大力发展外卖和电商业务，四有青年米粉·面则着重通过精细化的运营和对湖南米粉的改进来发展餐饮品牌。从 2016 年四有青年米粉·面创立以来，发展到 2018 年已拥有 33 家店，单店单月外卖最高超过 10 000 单。

图 6-17 所示为"美团外卖"APP 中的"四有青年米粉·面（××店）"的相关页面。

在米粉外卖方面，四有青年米粉·面也进行了多方面的努力，主要包括出餐效率、外卖包装和米粉工艺 3 个方面，具体内容如下。

1．提高出餐效率

要想提升消费者体验，那么提升出餐效率，让商品快速到达消费者手中是重要策略。在这一方面，四有青年米粉·面采取了 5 种方法来解决问题，如图 6-18

所示。

图 6-17 "美团外卖" APP 中的 "四有青年米粉·面（××店）"的相关页面

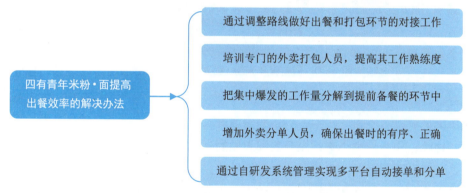

图 6-18 四有青年米粉·面提高出餐效率的解决办法

2．做好外卖包装

为了防止米粉外卖配送过程中出现的差评问题，以及进一步提升消费者收到商品时的消费体验，四有青年米粉·面对外卖包装也进行了规范和改善，如图 6-19 所示。

3．完善米粉工艺

从外卖出餐到送达消费者手中，需要一定的时间。而米粉外卖有一个运营痛点，那就是易断。为此，四有青年米粉·面除了在包装上实行米粉、面和汤分离外，还对米粉工艺进行了改善，如图 6-20 所示。

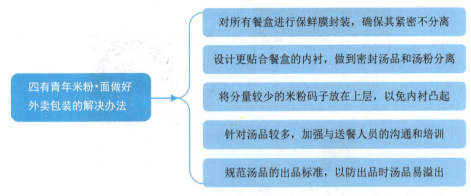

图 6-19　四有青年米粉·面做好外卖包装的解决办法

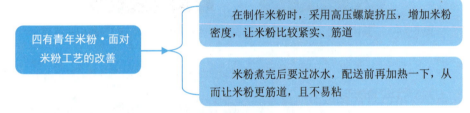

图 6-20　四有青年米粉·面对米粉工艺的改善

6.3　卤味爆品小吃：成熟品牌下的商家崛起

卤味，作为一类小吃，深受我国人们的喜爱。当然，我国的卤味品种也比较多，一般有四川卤味、泉州风味和潮汕风味，其中尤以四川卤味最为普遍。相较于前面介绍的麻辣烫和米粉，在品牌方面卤制品已经有多个发展成熟的品牌，如已上市的绝味、周黑鸭、煌上煌等。

那么，在外卖行业中，商家如果想要突破成功品牌的市场竞争圈子，应该如何做呢？本节将围绕 4 个卤味爆品打造技巧和两个典型案例来进行介绍。

6.3.1　认清痛点：趁机发展休闲卤制品

在休闲卤制品领域，在已有了周黑鸭、绝味等头部企业的规范后，卤制品的发展阶段发生了改变，开始从产品导入期进入渠道投入期。在这一市场环境下，休闲卤制品要想获得发展，就要加快渠道的推动作用。

因而，对休闲卤制品而言，渠道问题已经成为其发展的痛点，具体分析如

图 6-21 所示。

图 6-21　渠道问题已经成为休闲卤制品发展的痛点

认识到休闲卤味品牌的渠道痛点之后，餐饮商家可以抓住其中的机会点趁机崛起，打造属于自己的卤味爆品。

6.3.2　做好定位：选择合适的投资方向

在卤味市场发展风头正劲的时候，有意向进入卤制品这一品类创业的餐饮商家，可从如图 6-22 所示的投资方向和投资定位入手，打造具有差异性的卤味爆品。

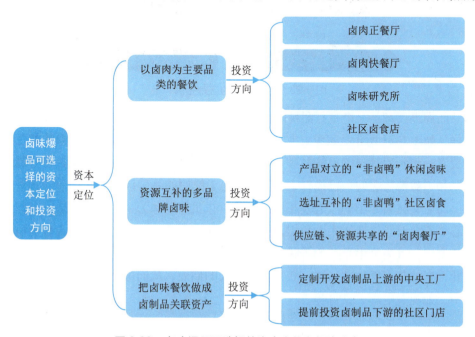

图 6-22　卤味爆品可选择的资本定位和投资方向

6.3.3 注重口味：有鲜明的品牌认知度

所谓"卤味"，其重点还在于一个"味"，因此，要想打造一个爆款卤味品牌，就有必要在"味"上下功夫。如大家熟悉的绝味鸭脖和周黑鸭，其口味就有其自身的品牌特色。

绝味鸭脖出品的卤味，一般以辣为主，虽然也有甜辣，但是其正宗的招牌产品还是正辣，如图 6-23 所示。当然，绝味鸭脖品牌的辣，不同的产品也有细微的差别，如图中产品描述中的鲜辣爽麻、香辣入骨、麻辣鲜香等。

图 6-23　绝味鸭脖的正辣招牌产品

而周黑鸭却是一个主打甜辣的卤味品牌，所有的产品描述都有着"微甜爽辣"字样，如图 6-24 所示。可见，它与其他卤味品牌相比，也有着鲜明的口味特色。消费者一想到甜辣味的卤味品牌，首先想到的就会是周黑鸭，可以说，在"周黑鸭"和"甜辣"之间，已经打上了等号，有了鲜明的品牌认知度。

而后文将要介绍的"老枝花卤"，其口味虽然以辣为主，但是在感觉上却不辣心，不会对肠胃造成太大负担。且其口味在消费者品尝的过程中，会有前后不同的变化：首先是中草药的香味，然后是醇厚的甜味，最后才会是满满的辣味。因此，老枝花卤凭借其口味，获得了年轻人的偏爱，从而被推广到更多的消费场景中，如观看电影、夜宵等。

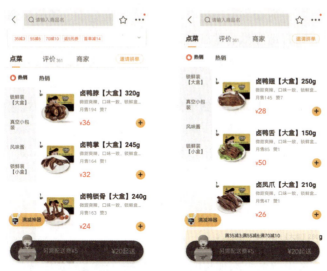

图 6-24　周黑鸭的甜辣为主的产品

6.3.4　健康卤味：在卤味安全竞争中获胜

消费者在购买卤味的过程中，总是会对卤味的安全性提出质疑。这是为什么呢？在笔者看来，对安全性有质疑的主要原因有三，具体如图 6-25 所示。

消费者对卤味安全性产生质疑的主要原因

- 卤味一般都有辣味，对不食辣的人而言，吃了卤味之后肠胃可能会有不适
- 人们吃卤味之前一般不会加热，而在购买之前卤味是放在冰箱内的，可能存在一定细菌
- 消费者购买时会发现，卤味不是现做现吃，而是批量制作，这就让人们对其保质期产生疑问
- 卤菜的制作过程中一般是加入了不少添加剂的，而添加剂一般会被认为是不健康的，且如果把握不好而过量，会对人体产生危害

图 6-25　消费者对卤味安全性有质疑的主要原因

可见，卤味的安全性也是该类餐饮品牌的发展痛点之一，甚至可以说，卤味

行业的竞争，从某一方面来说，更有可能是安全的竞争。因此，解决了卤味安全性的痛点问题，对打造爆款非常有利，也是必需的。从这一角度来看，餐饮商家一方面可以对制作的环境和流程进行展示，让人们放心；另一方面，还可成立第三方检测机构，接受其监督。

当然，在外卖平台上，由于线上的不可见因素，使得人们对卤味品质更是怀疑，此时，在线上店铺中展示店内环境以及提供相关方面的保障（如保险），会更加容易取得消费者信任。在这样的条件下想要打造卤味爆品，那么只要在口味、服务和品牌文化打造上下功夫，也就不再是一件难事了。

6.3.5 案例 1：老枝花卤——卤味"新贵"成长之路

老枝花卤创立于 2013 年，然后在短短的 3 年时间内，就获得了一众年轻消费者的喜爱。上文中曾提及其独特的口味，其实这一让消费者喜爱的特色的出现，其背后有着该品牌对特色工艺的深挖和不断改进的工作在内。

> **专家提醒**
>
> 老枝花卤，其中的"老枝"指的是 36 味中草药的"老枝"，即香料，又由于它虽然只是一味卤油，但有着众多菜品，花样繁多且各具风味，于是"老枝"与"花样"结合，就成了"老枝花卤"。

特别是其卤制工艺和食材选择，是保证好的口味和口感的基础，如图 6-26 所示。

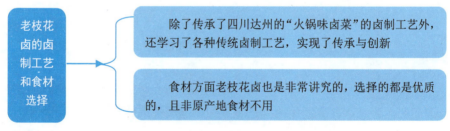

图 6-26 老枝花卤的卤制工艺和食材选择

除了因为优质食材和卤制工艺带来的好的口味和口感外，老枝花卤成为卤味爆品还有着 3 个方面的因素，如图 6-27 所示。

```
┌─────────────┐     ┌──────────────────────────────────┐
│             │────▶│ 老枝花卤常见产品的油卤过程,都在工厂实现 │
│             │     │ 标准化操作                       │
│ 老枝花卤成为卤味爆 │     └──────────────────────────────────┘
│ 品的原因     │────▶│ 在营销方面,通过卡通版的成都美食地图和外 │
│             │     │ 卖包裹的标注,实现消费者的情感带入     │
│             │     └──────────────────────────────────┘
│             │────▶│ 在新店开张时,屡屡推出各种优惠活动,如"开 │
│             │     │ 业老板送鲍鱼,每人能免费领取 1 个鲍鱼"  │
└─────────────┘     └──────────────────────────────────┘
```

图 6-27　老枝花卤成为卤味爆品的原因

6.3.6　案例 2：你好鸭——两种策略让品牌快速发展

你好鸭是百年老字号"五香居"旗下的卤味品牌,自从 2016 年 12 月新的生产基地投产以来,发展非常迅速——截至 2018 年 3 月,你好鸭已经拥有门店近 500 家。那么,这一发展盛况是如何实现的呢？笔者认为,该品牌的快速发展主要源于两个方面,具体内容如下。

1. 鲜香口感和新品保障

你好鸭卤味品牌的口味的打造,一方面传承了百年五香居的传统技术,另一方面又学习了市场上的诸多卤味配方。正因为如此,你好鸭在有着高效率的运转的同时也凭借其"老配方"让其口感有了保证,具体内容如图 6-28 所示。

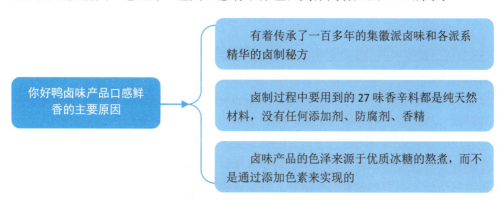

图 6-28　你好鸭卤味产品口感鲜香的主要原因

更重要的是,你好鸭不仅仅只是局限于眼前的发展,而是不断积极创新,推出新品——成立"江苏五香居食品研究所",用于研发休闲卤味和方便菜肴系列。

2．确保产品的新鲜度

对卤味来说，除了要有好的配方保证口味和更新新品外，其产品的保鲜也是提升产品品质的重要一环。你好鸭卤味品牌就采用了多种措施来实现这一目标，如图 6-29 所示。

图 6-29　你好鸭卤味产品保鲜的措施

第 7 章

饮品市场崛起：趁机发力有望成新宠

学前提示

随着社会的发展和人们生活水平的提高，消费升级环境下的"餐+饮"的场景需求和新式茶饮的出现，打破了传统的饮品市场布局。

本章就从饮品市场的发展和崛起出发，介绍其外卖运营技巧和典型案例。

- "餐+饮"场景需求：新式茶饮的出现
- 专门饮品店的发展：市场发展和大洗牌

7.1 "餐+饮"场景需求：新式茶饮的出现

针对人们饥与渴的生理消费需求，在餐饮文化中，自古就有了"四菜一汤""八菜一汤"这样在保证营养的情况下又能体现吉利性的搭配。而在如今的餐饮市场中，堂食时一般会在每一个餐桌上都准备一壶茶，以备消费者餐后饮用。而一些更小的餐饮线下门店，也会搭配销售一些瓶装水。其实，这些都属于"餐+饮"的范畴。

发展到今天，"餐+饮"有了更紧密的联系。那么，具体是怎样的呢？本节将对"餐+饮"的餐饮发展进行介绍。

7.1.1 新式茶饮：已成为新时代的消费特征

在"美团外卖"和"饿了么"APP上进入外卖店铺进行查看，会发现，除了那些专门经营饮品的店铺外，其他的一些专门经营美食的店铺，几乎每一个都会有饮品销售。图7-1所示为"饿了么"APP上的某些商家的与饮品销售相关的页面。

图7-1 "饿了么"APP上的某些商家的与饮品销售相关的页面

图7-1所示的饮料都是在外卖餐饮商家中销售的，其主打的品类是菜品、主食和小吃等，但是却都准备了消费者需要的饮料。这一现象在如今的餐饮市场是非常普遍的，也是一种新的发展趋势，因而在本书中称其为"新式茶饮"。

且由图7-1可知，餐厅中准备的饮料也不再是单一品类的瓶装或罐装饮料，有些商家还准备了具有自身特色的、易受消费者欢迎的饮品。当然，在外卖平台上，餐厅准备的饮品主要还是瓶装或罐装饮料、简单易冲酸梅汁和玉米汁等。

新式茶饮作为"餐+饮"结合的表现,已经成为众多餐厅和外卖商家的经营模式。作为一种时尚的经营模式,它犹如一阵风一样瞬间影响了整个餐饮界——各个餐厅都在菜品、小吃之外还经营起了饮品。

对消费者来说,他们购买饮品也不再仅仅是为了解渴,而是渐渐地作为一种标配,成为新时代人们的消费特征。特别是对具有店面轻、标准化、连锁化和快餐化等特点的轻正餐来说,饮品更是不可缺少的。

7.1.2 出现原因1:适应市场发展的需要

对餐饮商家来说,为什么会形成"餐+饮"的新式场景消费需求呢?在笔者看来,主要还是基于3个方面的原因。在此,笔者将从竞争力和成本方面来进行详细讲解,具体内容如下。

1. 提升市场竞争力的需要

从竞争力方面来看,在餐饮业竞争激烈的市场环境中,在一些餐饮商家创新了一种新模式——在餐厅销售茶饮的情况下,如果不改变自身而跟进的话,那么餐厅的竞争力明显就会减弱,最终将落后于别人。

因此,餐饮商家以"餐+饮"模式来运营,其根本目的就在于提升竞争力。在这方面,如今的外卖商家运营技巧已经很娴熟了,除了单品类饮品外,一般还会根据自身店铺的销售情况进行套餐的组合,利用搭配销售的方法提升客单价和订单量。图7-2所示为"美团外卖"APP上的包含了饮品的套餐的相关页面。

图7-2 "美团外卖"APP上的包含了饮品的套餐的相关页面

2．低成本获得利润的需要

一般来说，茶饮的成本比较低，而其售价却不一定低，这就使得其所产生的利润会比较大。图 7-3 所示为"美团外卖"APP 上的某一店铺的酒水饮料的相关页面。

图 7-3 "美团外卖"APP 上的某一店铺的酒水饮料的相关页面

由图可知，一般零售价为几元钱的饮料在平台上的定价为 10 元及以上，批发的价格则更低。从中可见其利润之高。与一般的菜品相比，其利润明显更大。对餐饮商家来说，"餐+饮"模式既能通过低成本茶饮获得高利润，又能提升竞争力，何乐而不为呢？

且如图 7-3 所示一样的瓶装饮料，无须动手制作，因而在经营方面能大大降低厨房压力。另外，增加店铺的饮品供应，如果种类比较多的话，还能开拓自身的下午茶市场，这样就为餐厅在外卖领域的发展更添一份助力以便盈利。

7.1.3　出现原因 2：消费体验升级的需要

与餐饮市场竞争激烈相对的是，消费者的选择会随着增加。在餐饮商家的产品同质化严重的情况下，他们对消费者的争夺更多的是依靠其带给消费者的消费体验——消费体验越好，所能吸引的消费者和回头客也就越多；消费体验不好，所能吸引的消费者就少。

有时甚至会有在商家产品略逊一筹的情况下，消费者也会因为其提供的好的消费体验而在竞争中取胜。消费体验的重要性由此可见一斑。

第 7 章 饮品市场崛起：趁机发力有望成新宠

随着餐饮市场环境的改变和消费升级的驱动，消费者在下单时一般还会选择需要的饮品。在这种情况下，没有饮品的餐厅往往会降低消费者的消费体验。因此，饮品已成为其必备产品之一，也是增强消费体验的必需品。下面从线下、线上两个方面来进行介绍。

从线下来说，可能有人会说，增加了饮品后，消费者的用餐时间也会相应延长，就会导致餐厅的翻台率下降，从而减少了餐厅的整体销售。其实不然，其原因如图 7-4 所示。

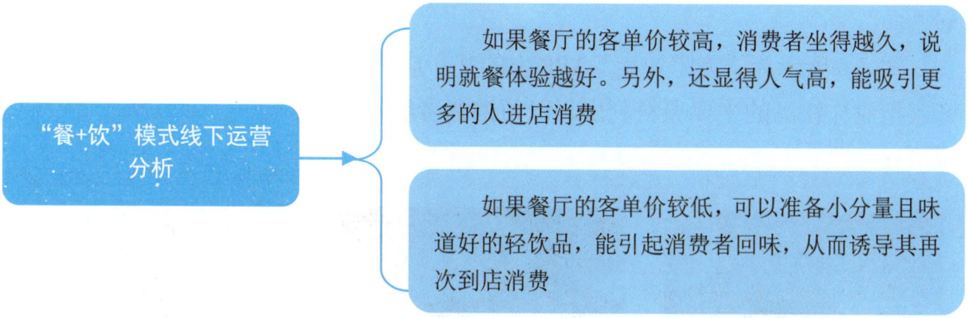

"餐+饮"模式线下运营分析：
- 如果餐厅的客单价较高，消费者坐得越久，说明就餐体验越好。另外，还显得人气高，能吸引更多的人进店消费
- 如果餐厅的客单价较低，可以准备小分量且味道好的轻饮品，能引起消费者回味，从而诱导其再次到店消费

图 7-4 "餐+饮"模式线下运营分析

从线上来说，也可能有人会说，增加了饮品后，客单价提高了，消费者可能不会愿意下单，这样也会影响店铺的整体营销效果。其实这也不用担心，其原因如图 7-5 示。

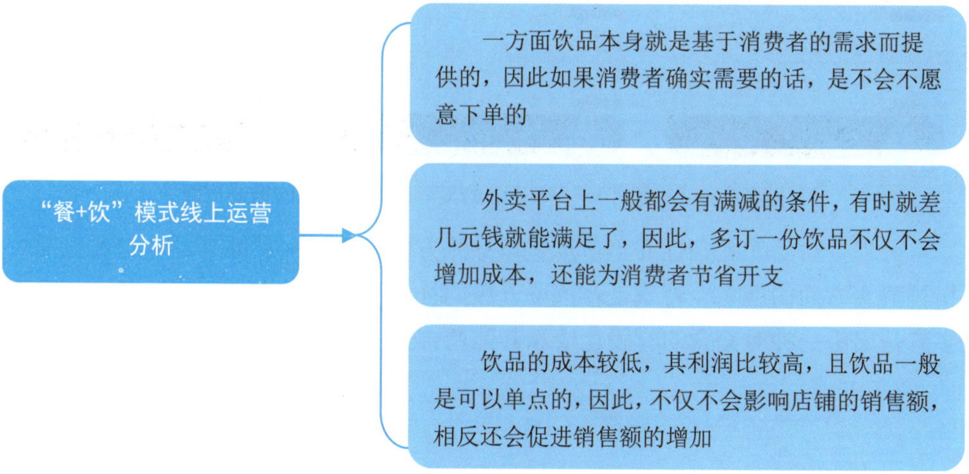

"餐+饮"模式线上运营分析：
- 一方面饮品本身就是基于消费者的需求而提供的，因此如果消费者确实需要的话，是不会不愿意下单的
- 外卖平台上一般都会有满减的条件，有时就差几元钱就能满足了，因此，多订一份饮品不仅不会增加成本，还能为消费者节省开支
- 饮品的成本较低，其利润比较高，且饮品一般是可以单点的，因此，不仅不会影响店铺的销售额，相反还会促进销售额的增加

图 7-5 "餐+饮"模式线上运营分析

7.1.4　出现原因 3：注重饮品健康性的需要

随着社会的发展和人们生活水平的提高，消费者对饮品的消费特征，除了表现在解渴这一生理需求和消费升级的驱使上，还表现在其对饮品健康性的诉求上。

从这一点出发，消费者在饮品品类的选择上也发生了改变——人们更愿意购买现磨、鲜榨的饮品，对瓶装、罐装饮品和简单易冲的饮品的需求则减少了。特别是对食品添加剂和色素等一系列不利于身体健康的事物，更是容易触发内心的反感和抵触情绪。因此，如果餐厅从健康的角度来打造饮品，不失为一个好的发展方向。

图 7-6 所示为"美团外卖"APP 上的某一店铺的饮品的描述页面。由图可知，商家把制作饮品的主要原料列出，以便消费者放心饮用。

图 7-6　"美团外卖"APP 上的某一店铺的饮品的描述页面

另外，饮品的健康性并不单单是指身体方面，从某一层面来说，它还包括对精神健康方面的影响。特别是在消费升级的社会环境中，人们需要饮品，可能更多的是出于一种对美食的喜爱之情和其他精神方面的需求与满足。

7.1.5　发展途径 1：饮品源自自身产品与供应链

由上文可知，"餐＋饮"模式已经是必然趋势，且已经成为新时代的消费特征。那么，在这一新模式下，餐饮商家应该如何发展呢？在笔者看来，方法之一就是根据自身产品和原本的供应链来提供饮品。

例如，大家熟悉的各个与椰子鸡相关的餐厅，其主打产品和招牌产品一般是椰子鸡。然而在"餐+饮"模式下，从其产品椰子鸡和供应链中的椰子出发，不少店铺都推出了与椰子汁相关的饮品。图 7-7 所示为"美团外卖"APP 上的某一店铺的与椰子汁相关的菜品和饮品页面。

图 7-7 "美团外卖"APP 上的某一店铺的与椰子汁相关的菜品和饮品页面

可见，根据自身产品和原本的供应链来提供饮品是一种值得借鉴的发展途径，具体意义如图 7-8 所示。

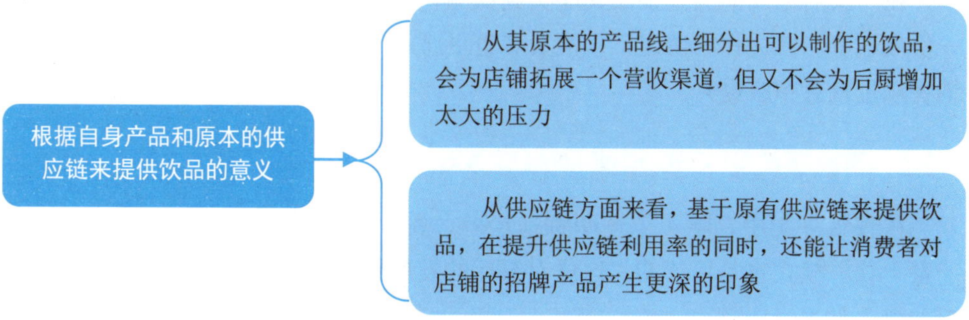

根据自身产品和原本的供应链来提供饮品的意义：
- 从其原本的产品线上细分出可以制作的饮品，会为店铺拓展一个营收渠道，但又不会为后厨增加太大的压力
- 从供应链方面来看，基于原有供应链来提供饮品，在提升供应链利用率的同时，还能让消费者对店铺的招牌产品产生更深的印象

图 7-8 根据自身产品和原本的供应链来提供饮品的意义

7.1.6　发展途径2：积极与饮品店合作寻求共赢

对一个专注于餐品的外卖商家来说，如果自身不能从产品和供应链延伸的角度上发展相应的饮品，那么可以试着和饮品店合作。这也不失为一种"餐+饮"模式的发展途径。

在"餐+饮"模式下，餐厅与饮品店合作，其实是一件双赢的事，具体如图7-9所示。

```
                    ┌─────────────────────────────────────────┐
                    │ 对餐厅而言，首先能减轻开拓饮品业务的压力和难度，│
                    │ 还能与饮品店共用客流，起到引流的作用——饮品易于│
┌──────────┐       │ 携带和不会对口味有太大损耗，更便于外卖，如果再│
│"餐+饮"   │       │ 加上饮品优质，那么消费者是愿意尝试一下其他产品的，│
│模式下的  │──────▶│ 这就达到了引流的作用                      │
│餐厅与饮  │       └─────────────────────────────────────────┘
│品店合作  │       
│的意义    │       ┌─────────────────────────────────────────┐
└──────────┘       │ 对饮品店而言，消费者一般会觉得单点饮品显得单调，│
                    │ 因此再搭配一些餐厅的小吃就再好不过。可见，与餐厅│
                    │ 合作的饮品店，在促进销售额增长方面还是能起到一定│
                    │ 的促进作用的                            │
                    └─────────────────────────────────────────┘
```

图7-9　"餐+饮"模式下的餐厅与饮品店合作的意义

另外，对消费者来说，"餐+饮"模式下也会比较划算。因为在外卖平台上下单，配送费是按照订单数来计算的，如果消费者从一家店铺只能单点餐品或单点饮品，那么下单购买餐品和饮品就需要支付两份配送费。而在"餐+饮"模式下，在一家店铺既能买到餐品又能买到饮品，一次下单就可购买齐全，从而节省一份配送费。在这样的情况下，消费者也更愿意下单购买。同时餐厅和饮品店的销售额也就会相应提升。

7.1.7　发展途径3：餐厅自建有特色的饮品品牌

在餐饮外卖中，除了上述两种途径外，餐厅通过自建饮品品牌的方式发展"餐+饮"模式也是可行的，这样对餐厅的发展能起到巨大的推动作用，具体分析如图7-10所示。

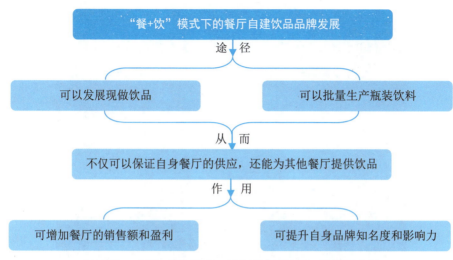

图 7-10 "餐 + 饮"模式下的餐厅自建饮品品牌发展分析

7.1.8 案例 1：肯德基——新推出精品咖啡品牌

肯德基作为一家跨国连锁餐厅，想要在"餐＋饮"的模式下发展饮品，相较于新茶饮品牌来说明显有着更多优势，具体如图 7-11 所示。

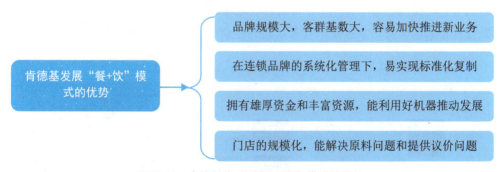

图 7-11 肯德基发展"餐 + 饮"模式的优势

基于图 7-11 所示的优势，肯德基的"兄弟品牌"——百胜餐饮在肯德基门店旁新推出精品咖啡品牌——COFFii & JOY，如图 7-12 所示。

COFFii & JOY 咖啡品牌在产品方面，一出手就不同凡响。首先，COFFii & JOY 的产品线不仅包括意式咖啡、冷萃咖啡、手冲咖啡等咖啡饮品，还涉及其他非咖啡饮品，如茶饮、果汁等。其次，在产品价格方面，除了一些定位为中上路线、定价为 30 元左右的饮品外，还特意打造了一款甄选咖啡产品，其定价高达 199 元。这些都符合肯德基新推出的精品咖啡定位。

外卖运营实战从入门到精通

图 7-12　肯德基"兄弟品牌"新推出的 COFFii & JOY 咖啡品牌

7.1.9　案例 2：海底捞火锅——自建精酿啤酒品牌

图 7-13 所示为"美团外卖"APP 上的"海底捞火锅外送（××店）"的相关页面。由图可知，在该店铺中，除了寻常的瓶装或罐装饮品外，还有自制的冰爽 hi 茶，更有符合火锅消费场景和受消费者欢迎的自创啤酒品牌——海底捞大麦啤酒。

图 7-13　"美团外卖"APP 上的"海底捞火锅外送（××店）"的相关页面

更重要的是，在线下门店，海底捞火锅还在自建品牌的基础上推出了新玩法——"吃+喝+玩+乐"组合玩法，即"吃"火锅、"喝"精酿啤酒、"玩"AR小游戏和"乐"优惠加持。就是通过这样的策略，海底捞火锅在带给消费者"火锅超棒"和"服务超赞"印象外，又有了新的品牌印象——引领"精酿啤酒"潮流，吸引了众多年轻人的注意。

7.2 专门饮品店的发展：市场发展和大洗牌

在饮品市场上，除了上文介绍的餐厅中发展起来的"餐+饮"模式外，其专门的饮品店也有了巨大的变化和发展。本节将为大家介绍饮品市场的状况和一些典型的饮品品牌案例。

7.2.1 "中产阶级""新生代"成消费中坚力量

第 2 章已经对餐饮外卖市场的消费群体进行了介绍，而饮品市场的消费群体作为餐饮市场消费群体的组成部分，既有相似性又有一定的差别。其中，关于饮品市场的消费群体，最突出的特征是其中坚力量直指中产阶级和新世代。

关于"中产阶级"，目前这一概念还没有量化定论，只是对其基本特征进行了概括，具体如图 7-14 所示。

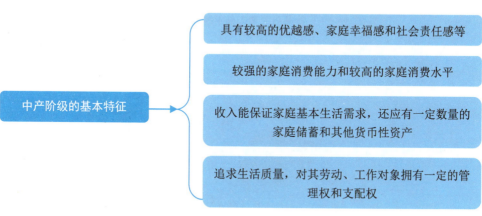

图 7-14 中产阶级的基本特征

而新生代，是与"上一代"相对的一个概念，即 80、90、00 年代出生的一代人。"上一代"是指 70、60、50 年代出生的一代人。

在饮品市场上，有数据显示，截止到 2017 年，随着我国中产阶级的崛起，那些每月人均可支配收入达 1.2 万～2.2 万元的上层中产阶级家庭将拉动未来五年 75% 的增长。

而新生代人群作为一个有着明显时代标记的消费人群，将会给我国经济注入新的活力——将拉动未来五年 69% 的增长。其主要拉动还是表现在其消费方面，有着 3 个明显特征，如图 7-15 所示。

图 7-15　新世代表现在消费方面的明显特征

7.2.2　30 岁以下的年轻女性是饮品消费主力军

根据美团点评统计的 2017 年的饮品店消费数据，饮品市场上的消费人群趋向于女性化、年轻化，即年轻的女性是饮品店的消费主力军。具体来说，从性别方面看，主要为女性用户，其占比达 73%；从年龄层面看，则主要是 30 岁以下人群，特别是 25 岁以下人群，具体数据如图 7-16 所示。

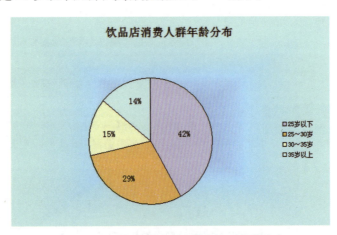

图 7-16　2017 年的饮品店消费人群年龄分布

由图 7-16 可知，饮品店消费人群中，30 岁以下的消费者占比为 71%，而女性占比为 73%，按理想的数据来计算，饮品店的消费人群中年轻女性的占比为 71%×73%，近 52%，占所有饮品店消费人群的一半以上。因此，想要拓展饮品业务的餐饮商家可以从年轻女性这一消费者定位着手来设置店铺和进行生产。

7.2.3 饮品发展特点：地域 + 竞争程度 + 品类

我国饮品市场的发展除了在消费人群上有着明显分层和性别差异外，还在地域、竞争程度和饮品品类上有着显著特征，下面将一一进行介绍。

1．地域方面：集中分布在我国发达地区

在地域分布上，我国饮品店主要集中在发达地区，主要为东部沿海城市和中部一些城市，也就是人们常说的一线城市、新一线城市和二线城市。这些城市的饮品店数量占全国的 48%。

2．竞争程度方面：饮品店竞争日趋激烈

在竞争程度方面，我国饮品店的竞争日趋激烈。特别是从 2015 年下半年开始，饮品店关店数量逐渐增加。而 2017 年我国饮品店开店数与关店数持平，都为 18 万家。图 7-17 所示为 2016—2017 年我国饮品店开店与关店数量统计。

那么，是什么原因导致了图 7-17 所示的状况呢？在笔者看来，主要还是基于 3 个方面的原因，如图 7-18 所示。

3．饮品品类方面：各品类发展不平衡

各个品类的饮品在市场上的发展也表现出了巨大的差异性。下面以咖啡和奶茶果汁为例进行介绍。图 7-19 所示为 2016—2017 年我国咖啡和奶茶果汁门店发展状况。

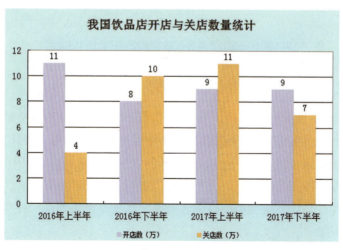

图 7-17　2016—2017 年我国饮品店开店与关店数量统计

图 7-18　导致 2016—2017 年饮品市场状况的原因

图 7-19　2016—2017 年我国咖啡和奶茶果汁门店发展状况

7.2.4　案例 1：喜茶——多角度深挖品牌文化内涵

在 2017 年茶饮大热的风口，想要爆红可能不易，但也不会特别难。在笔者看来，最难的是如何在茶饮大热的激烈竞争中保持自身品牌热度并让其持续上升。而喜茶却成功做到了这一点——从 2017 年创立品牌以来，直至 2018 年，都一直保持着高热度，特别是高峰期，几乎每家门店都有消费者排队下单。

那么，喜茶是如何做到呢？在笔者看来，离不开该茶饮品牌在两个方面的努力，具体分析如下。

1. 两方面提升用户消费体验

为了提升消费体验,眷茶从两个方面着手对门店进行改造,如图 7-20 所示。

```
眷茶提升消费体验措施
├── 结合500个消费者进行调查后的反馈和研发人员内测来对产品进行升级,如招牌茶饮"小叶茉莉芝士"就根据反馈加重了花香
└── 通过标准化操作和明确岗位职责,控制和稳定产品的出品速度,提升门店效率,以便解决消费者排队等候问题
```

图 7-20　眷茶提升消费体验的措施

2. 密切与消费者间的情感联系

眷茶的各个门店,在区域排名中一般都处于前列。图 7-21 所示为"美团外卖"APP 中的眷茶门店排名示例。

图 7-21　"美团外卖"APP 中的眷茶门店排名示例

其实，眷茶之所以在区域市场上占据前列，主要原因之一还是该茶饮品牌在挖掘品牌文化内涵方面所做的各种努力。

首先，从名称上来说，眷茶这一名称源自"宁眷故乡一叶茶，莫恋他乡万两金"，如图 7-22 所示，为品牌渲染了浓厚的文化氛围和家乡情怀。更甚者，它还利用跨界思维，联合黄帝故里"拜祖大典"，在口号"眷茶欢迎你回家"的宣传下，让自身推出的茶叶礼盒成为指定用茶。

图 7-22 "宁眷故乡一叶茶，莫恋他乡万两金"的眷茶

其次，眷茶为了突出其区域特点，建立与本地消费者之间的联系，在茶底的选择上也很慎重——选用当地生产的信阳茶，来进一步强化这一特点和加深消费者对品牌的印象。

另外，针对年轻人这一茶饮品类的主要消费群体，眷茶通过"时尚中国茶"的定位来生产他们喜欢的茶饮。这是一个把时尚这一表现形式与中国茶这一品牌文化很好地结合的重要策略。

7.2.5 案例 2：瑞幸咖啡——勇敢挑战咖啡外卖

瑞幸咖啡品牌的发展可谓非常迅猛，从 2017 年年底创立到 2018 年 5 月 8 日，它已经发展成为拥有 660 多家分店的咖啡品牌。在销售上也表现出了惊人的发展速度——各项数据如图 7-23 所示。

图 7-23 瑞幸咖啡品牌的销售数据

瑞幸咖啡作为一个咖啡品牌,在星巴克还没有涉足外卖的情况下,勇敢地挑战外卖,从而成功地占据了咖啡外卖市场的空白,最终推动了瑞幸咖啡的崛起。同时,在笔者看来,瑞幸咖啡的成功也是其定位精准的结果——它把目光瞄准了年轻的办公室工作人员这一消费群体,致力于为他们提供价格更实惠、消费更便捷的咖啡体验。

专家提醒

随着星巴克进驻咖啡外卖市场,瑞幸咖啡的未来发展之路究竟如何敬请读者期待。特别是其快速的品牌发展的打法,是否将在星巴克品牌入驻之后持续进行下去、是否能取得成功还需要读者拭目以待。然而其前期运营中的巧妙抓住咖啡外卖市场机遇和定位精准的发展策略还是值得借鉴的。

7.2.6 案例 3:喜茶——引领新茶饮的文化走向

喜茶 HEYTEA,创建于 2012 年,并于 2015 年对品牌进行了升级,才有了这一品牌的出现。该品牌现已在我国 13 个城市开设了 88 家门店,且各门店都在"美团外卖"和"饿了么"APP 上开展了外卖业务。图 7-24 所示为"美团外卖"APP 上的"喜茶(××店)"的相关页面。

说到喜茶,就不得不提及新茶饮,它是一个新茶饮头部品牌,也是新茶饮运动的开创者。在新茶饮出现之前,我国的饮茶方式无非是传统的"中式茶饮"、传统的"西式茶饮"和传统奶茶。随着"西式原味茶+创新风味茶"的新茶饮的出现,饮品市场出现了以休闲化、文创化、品质化和体验化为主要特征的茶饮品牌。

而喜茶作为新茶饮的开创者和品牌中的佼佼者,更是引领了新茶饮文化的走向。具体来说,主要表现在 4 个方面,如图 7-25 所示。

图 7-24 "美团外卖"APP 上的"喜茶（××店）"的相关页面

喜茶引领茶饮文化的表现

- 喜茶改变了传统的以奶茶为主导的大规模开店和加盟的茶饮行业，实现了产品研发以供应链企业为主导转向为茶饮品牌从消费者需求出发自主研发新产品

- 为了在饮品竞争中决胜，相较于在营销方面着力，喜茶把更多的功夫用在了产品研发上——它不断推出新产品，从芝士茶热潮到满杯水果茶、季节限定系列等的风靡

- 在新茶饮市场有了大量的跟风和山寨产品后，喜茶却撇开"产品＋营销"策略，从运营管理方面下功夫，专门研究消费者和进行数据分析，从中寻找营销趋势作为运营指导

- 针对 90 后、95 后的个性化审美，喜茶开始做生活方式化、融入社交属性的复合消费场景，如突出空间设计概念的 LAB 店、"喜茶白日梦计划 DAY DREAMER PROJECT"等，都是通过第三空间来输出品牌文化，实现品牌升级

图 7-25 喜茶引领茶饮文化的表现

7.2.7 案例4：乐乐茶——借势推"脏脏茶系列"

借助脏脏包的热度，乐乐茶推出了以"脏脏"为主要元素的"脏脏茶系列"。图 7-26 所示为乐乐茶推出的脏脏茶和脏脏包。

草莓脏脏茶
手作天然草莓酱 跳跃在牛乳中 像要搅翻少女的心跳 奶香中吮吸

本铺の脏脏包
择礼品级麒麟瓜，搭冻顶乌龙茶，乳酪融合清香的椰汁，口感丰富。

图 7-26　乐乐茶推出的脏脏茶和脏脏包

乐乐茶的"脏脏茶系列"紧接着"脏脏包"的火爆，再度掀起爆品热潮。那么，在"脏脏茶系列"火爆的背后，到底有着怎样的秘密呢？在笔者看来，主要是它再次击中了消费者的情绪点，具体表现在 4 个方面，如图 7-27 所示。

乐乐茶的"脏脏茶系列"打造爆款的秘密

- 借助"脏脏"二字的市场认知度和知名度，乐乐茶在命名上再次延续这一风格；饮品的虎纹挂壁效果有了完美的呈现，能充分突出饮品亮点
- 乐乐茶的"脏脏茶系列"无不是经过不断调试和改良，并通过费时、费力的工序来让口感达到最佳，体现其过人之处，从而在消费者心中留下其口感方面的记忆点
- 乐乐茶通过脏脏包、蟹蟹侬等网红爆品已经积累了一定的消费者群体和打造爆品的经验，基于此，乐乐茶通过有效的营销手段实现"脏脏茶系列"爆品的打造
- 在产品方面，基于市场和消费者调查，乐乐茶注重对"脏脏茶"进行不断的改良升级，以便延长该饮品的生命周期

图 7-27　乐乐茶的"脏脏茶系列"打造爆款的秘密

第 8 章

新店外卖玩法：提升排名迅速站稳脚跟

学前提示

万事开头难。外卖的运营也是如此。如果商家想要开设一家新店来进行外卖业务，各方面都需要从头开始准备和运营。

本章就从开设一家新店出发，介绍其外卖业务的上线前准备和上线后的线下、线上运营的相关知识。

- 上线前准备1：如何找准目标消费群体的痛点
- 上线前准备2：如何开设新店并开展外卖
- 上线后运营1：4个角度进行线下运营
- 上线后运营2：6个方面做好线上运营

8.1 上线前准备1：如何找准目标消费群体的痛点

痛点主要是指消费者的主要消费诉求，也就是影响消费者消费行为最主要的一个因素。商家如果能够找到消费群体的痛点，并让其"不再痛"，那么，消费者就会用购买行动来支持你。

大家都知道寻找消费痛点的重要性，但是，要如何找到消费痛点，并让痛点"不再痛"呢？笔者认为，可以通过以下3个步骤来解决这个问题。

8.1.1 分析哪些人是主要消费群体

对于餐饮商家来说，每种产品都有一定的消费群体，与其想着把产品卖给所有人，倒不如先分析哪些人是该产品的主要消费群体。这主要是因为，这一部分人是菜品购买力的来源，而他们的核心诉求很可能就是菜品的消费痛点。

关于主要消费群体的寻找，在2.3.2节中已经进行了详细的解读，在此不再赘述。

8.1.2 基于消费群体诉求找出痛点

确定菜品的主要消费群体之后，商家接下来要做的就是通过分析找出这一部分人的消费痛点。具体来说，商家可以通过分析主要消费群体的消费习惯和行为、换位思考，揣摩消费者下单时的想法等方式，了解主要消费群体的消费诉求，并从中分析出消费的痛点。

8.1.3 满足消费群体的消费痛点

从满足消费群体消费痛点的整个过程来看，前两个步骤只是"前戏"，而消费痛点的满足，让痛点"不再痛"才是真正的重头戏。那么，如何满足消费群体的消费痛点呢？

笔者认为，最重要的一点就是，商家要学会用创新思维看待痛点，将一个领域的痛点与另一个领域的成熟技术进行结合，让原本看来不可能实现的事也变得有实现的可能。

在外卖领域，商家可以根据消费群体的消费痛点，进行不同领域的打通。比如，很多人都喜欢吃火锅，但是那种现做的火锅，不但不利于运输，还不能长时间保存。而且从点外卖到吃上外卖还要一段时间，如果消费者肚子饿了又不想吃其他东西，就只能等了。

针对这一情况,一些聪明的商家结合方便面的保存技术,推出了如图 8-1 所示的即食火锅。消费者买到之后,只需像泡方便面一样将里面的菜和调料泡好即可食用。不仅消费者不用饿着肚子等,而且它也可以像方便面一样储存一段时间,放在家里以备不时之需。正是因为如此,该火锅推出之后,迅速成为网红食品。

图 8-1 即食火锅

8.2 上线前准备 2:如何开设新店并开展外卖

随着外卖行业的发展和规则的完善,"美团外卖"和"饿了么"等 APP 上的商家都要求拥有线下门店。因此,如果你是一个初入餐饮行业的创业者,那么要想进行外卖运营和营销,首先就需要在店铺外卖业务上线前做好与店铺和外卖相关的准备工作。

本节就从店铺商圈选择、菜品筛选、寻找厨师、准备好外卖包装等方面来介绍如何开设新店并开展外卖业务。

8.2.1 选商圈 1:基于线上因素考虑

餐饮商家开设新店时,选择商圈的正确与否决定着新店开设是否能成功:如果选择正确,那么商家就能凭借自身优势快速打开市场;如果选择错误,那么店铺后期的销售局面就无法打开,只能节节败退,最终惨淡收场。因此,餐饮商家在选择店铺商圈时要多方考虑。

在笔者看来，要考虑的因素虽然很多，但是只要抓住了线上和线下这两个大的方面，也就不足为惧了。在此，笔者从线上因素出发，介绍商家选择商圈时要注意的两个主要问题。

1. 商圈与经营品类要契合

新店开设前，商家首先要做的是选择自己要经营的品类。如果已经对品类有了大概方向，那么接下来要考虑的是自己要经营的品类是否与选择的商圈契合，是否能被该商圈中的消费者群体接受。如果自身经营品类与该商圈无法契合，那么就应该换一个商圈来经营。

那么，餐饮商家应该如何确定自身经营品类与商圈是否契合呢？这可以从外卖平台的数据着手。特别是在"饿了么"APP上，商家可以首先定位商圈位置，然后进入"美食"页面，单击页面上方分类栏右侧的 ∨ 按钮，就会出现如图8-2所示的页面。商家即可查看自身经营的品类下商户的占比是多少。

图8-2 "饿了么"APP的美食分类页面

在图8-2中，美食这一大的分类下共有2641家店铺，其中经营简餐便当和小吃炸串的商家最多，分别为869(占比约为33%)和796(占比约为30%)。可见，该商圈中"简餐便当""小吃炸串"这两个品类与商圈的契合度和消费者的接受度最好。因此，如果自身经营的品类是其中的一个，那么选择该商圈是可行的。而"汉堡比萨"(97家店铺)、"香锅冒菜"(81家店铺)、"日韩料理"(44家店铺)和"轻食西餐"(28家店铺,该品类在图中未显示出来)的店铺都少于100家,其占比无法与"简餐便当"和"小吃炸串"相比。因此,如果商家想经营这四个品类中的一个,那么就要慎重了。

2. 用户基数要契合经营目标

在外卖平台上,用户数可以通过各店铺的月销量计算得出。根据著名的"二八定律"可知,80%的消费者集中在20%的头部商家。因此,餐饮商家首先需要计算自身经营品类的前20%的店铺的月销量总数。在此以香锅冒菜品类为例来进行计算。

由图8-2可知,香锅冒菜的店铺为81家,那么需要计算的就是居前的81×20%的店铺,即16家店铺的月销量总数。图8-3所示为选择的商圈香锅冒菜品类的前16家店铺月销量示例。

通过计算得出销量排名靠前的16家店铺的月销量总数为30 435单,再除以30天,就可得出该商圈每天点外卖的80%的用户数,即

前20%的店铺月订单总量÷30(天)=商圈平均每天点外卖的用户数量×80%

通过该等式,可得出该商圈平均点外卖的用户数量约为1268。根据这个用户基数,商家就可确定该商圈是否契合自己的经营目标。

图8-3 选择的商圈香锅冒菜品类的前16家店铺月销量示例

图 8-3 （续）

8.2.2 选商圈 2：基于线下因素考虑

通过上文中的线上商圈考虑因素可得出，自己要经营的品类在该商圈中是否有发展的可能。在初步确定商圈之后，接下来就要基于线下因素对选定的商圈进行核对和筛选，然后再最终确定。

那么，线下应该考虑哪些方面呢？在笔者看来，主要包括两个方面，即足够全的配送系统和自身店铺的终极目标。且这两个方面有前后之分，只有确定该商圈是否有足够全的配送系统，才能从自身店铺的终极目标来确定最终选定的商圈。下面将对这两个方面进行具体介绍。

1. 需要有满足需要的配送系统

在配送系统方面，如果选择平台专送的话，那么不同商圈的配送情况是不一样的——取决于商圈配送员的数量和配送线路，具体如图 8-4 所示。

2. 根据自身店铺的终极目标选择

在确定店铺经营品类是否契合商圈、用户基数如何和是否有足够全的配送系统等方面之后，接下来就要根据自身店铺的终极目标来最终决定店铺所在的商圈。

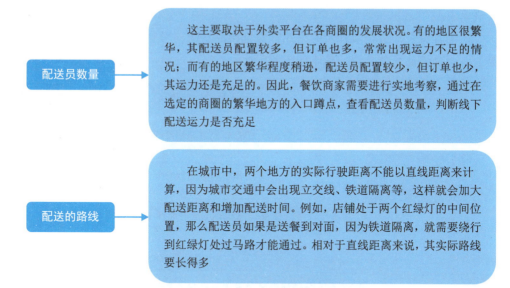

图 8-4　了解商圈配送系统的具体情况

根据商圈的性质来看，主要可分为写字楼、居民区、大型购物中心等。商圈的性质不同，店铺的经营格局和可能的未来期许就会有所不同。下面以写字楼和居民区为例来进行具体分析，如图 8-5 所示。

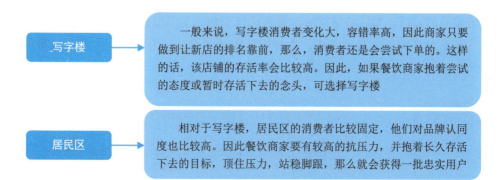

图 8-5　根据自身店铺的终极目标确定商圈

8.2.3　确定菜品：5 个条件要满足

想要进行外卖运营的商家，在选择菜品时也要慎重，因为有些菜品是不适合做外卖业务的——经过外卖的包装、一定的配送时间等，其菜品口味、色泽都会产生变化，如果堂食和外卖的菜品差别太多，那么还是建议餐饮商家不要加入外卖菜单中。

在笔者看来，适合做外卖的菜品在保证菜品口味、考虑商圈消费者口味的情况下，还要满足 5 个条件，具体如图 8-6 所示。

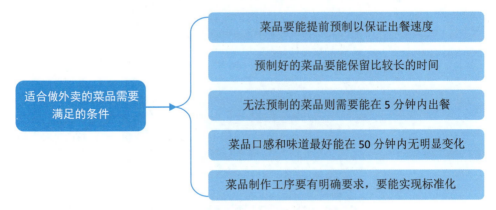

图 8-6　适合做外卖的菜品需要满足的条件

8.2.4　选择厨师：3 个方面要注意

在外卖平台上，众多评论都是针对菜品口味的。而菜品的口味除了受食材、配送时间等因素影响外，最大的影响因素还是厨师的菜品炒制水平。因此，为了提升菜品的品质，餐饮商家就有必要在选择厨师时加以重视。

那么，从菜品的角度考虑，选择厨师需要考虑 3 个方面，具体内容如图 8-7 所示。

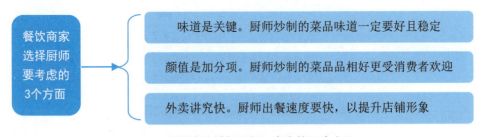

图 8-7　餐饮商家选择厨师要考虑的 3 个方面

8.2.5　准备包装：5 个条件要具备

餐饮商家的外卖包装选择得好，不仅能用颜值吸引消费者，还能在一定程度上提升外卖菜品的口感和餐饮商家的形象。可见，外卖包装在外卖品质的各要素中是一个重要因素。

特别是新开设的店铺，如果从一开始能从包装上赢得消费者的青睐，那么运营起来也会容易一些。因为有些消费者有这样一种认识：外卖包装看起来很好的店铺，其菜品应该也不会太差。

从包装上来说，餐饮商家可从两个层次来准备。首先，在基础层次方面，外卖包装需要具备5个必要条件，如图8-8所示。

图8-8 外卖包装需要具备的5个必要条件

其次，餐饮商家如果想要进一步从包装上提升自身店铺和产品的形象，还可以在外卖包装的其他能增加颜值和宣传品牌的方面下功夫，如在包装上展示品牌LOGO和二维码、专门设计有自身特色或符合自身品牌定位的外卖盒等。

8.2.6 模拟场景：3个方面要查看

在商圈、菜品、厨师和外卖包装等方面都确定下来后，接下来就是针对外卖业务进行试运营了，如模拟外卖场景和通过试吃完善外卖产品等。本小节将对模拟外卖场景进行具体介绍。

前面的无论是选择商圈中的配送系统，还是筛选菜品时考虑的外卖因素，抑或从外卖包装角度来考虑外卖配送，都是一种基于理想环境下的外卖情况。要想更加真实、具体地了解外卖场景，还需要实际操作，这就需要餐饮商家模拟外卖场景进行试运营。

说到模拟外卖场景，主要还是在选定的商圈内通过把外卖产品在现实环境中进行配送，然后对"配送到"的外卖产品进行查看。其中要查看的内容包括3个方面，如图8-9所示。

```
                                    ┌─────────────────────────────────┐
                                    │ 在包装方面，需要查看经过配送过程后是否仍 │
                                    │ 完好、包装外盒有无变形，盒内产品是否漏出 │
                                    └─────────────────────────────────┘
┌──────────────────┐                ┌─────────────────────────────────┐
│ 餐饮商家模拟外卖场景 │───────────────▶│ 在外卖产品品相方面，需要查看有无挤压变形、│
│ 时要查看的 3 个方面 │                │ 面条是否坨住和水饺是否裂开等            │
└──────────────────┘                └─────────────────────────────────┘
                                    ┌─────────────────────────────────┐
                                    │ 在外卖产品口感方面，需要查看其经过配送过 │
                                    │ 程后的保温效果和菜品味道，是否变化太大，不会│
                                    │ 被消费者接受                       │
                                    └─────────────────────────────────┘
```

图 8-9　餐饮商家模拟外卖场景时要查看的 3 个方面

当然，条件允许的话，还应该把外界的温度因素考虑进去，然后模拟不同的外卖环境进行实地查看。因为不同的季节和天气，外卖的保温效果、口感等方面会出现差异。

8.2.7　餐品完善：通过试吃来解决

商家在推出新产品后一般会让消费者首先进行尝试，如餐厅一般有试吃、美妆店有试用等。在开设外卖新店时，让消费者试吃也是上线前线下准备中的一个重要环节。通过线下试吃，不仅可以在一定范围内推广产品，还可以综合消费者的反馈总结餐厅中的优势和劣势，并对其中存在的不足进行改进。

一般来说，在试吃过程中，餐饮商家应该着重关注消费者反馈的各种问题。如果在试吃过程中把存在的问题解决了，那么对后期获得消费者好评是重要的保证。

笔者综合"美团外卖"和"饿了么"APP上的消费者评论，总结了一些大家反馈比较多的问题，举例如下。

分量：菜品分量是否足够，主食分量是否合适。

食材：吃着是否新鲜，处理得是否妥当，如切得太大、太粗等。

卫生：菜品和主食是否干净，没有什么额外添加物，如头发、青虫等。

口味：咸淡是否合适，是否油腻，口味是否太重，哪些菜品好或不好等。

餐具：准备是否齐全，还有什么是消费者需要的，是否没有太大的瑕疵。

8.2.8 热点区域：3种途径进行确定

餐饮商家在选定商圈后，还可以对自身店铺的经营范围做一下细分：自身产品更适合哪一类消费者和他们分别集中在哪个区域，哪些是需要重点经营和开拓的外卖区域，等等。

这样做的原因就在于：一个商圈的范围比较大，其所在范围内的各个区域的消费者、配送人员都存在差异，只有从更加细分的角度进行了解，才能把握自身外卖业务要运营的热点区域，才能更好地引流。

对初创的餐饮商家来说，可以从3种途径来了解该商圈内外卖订单量的热点区域，如图8-10所示。

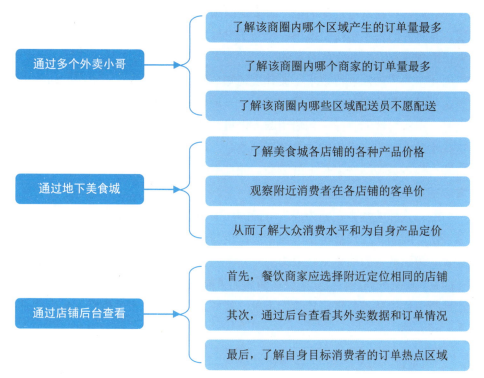

图8-10 通过3种途径来了解选定的商圈内的外卖订单量的热点区域

当然，在确定自身目标消费者的订单热点区域时，首先应该多选择一些可能的热点区域。然后通过上述3种途径来了解各区域的具体情况，并基于所获得的各种资料和数据对开始选择的一些可能的热点区域进行排名。最后，餐饮商家就可以根据排名选择靠前的几个外卖热点区域进行引流推广。

8.3 上线后运营1：4个角度进行线下运营

8.2节介绍的是外卖新店上线前要做的准备工作，本节将介绍店铺正式上线后应该如何在线下进行运营，以便提升店铺形象和推动产品营销。

8.3.1 创意地推：找好有实用价值的媒介

外卖店铺上线后，接下来就是如何进行推广，让更多的消费者了解店铺和下单。在线下，地推是推广运营的一种常见的且比较实用的方式。而餐饮商家要做的就是如何让地推这一推广方式在选定的外卖热点区域发挥出最大的效用。下面介绍一种比较有效的技巧。

一般而言，商家进行地面推广时多是以派发传单的方式来进行。然而我们会发现，有时人们根本不接受传单或接受了之后马上就当作垃圾扔掉了，这样是无法真正达到商家需要的宣传效果的。

因此，为了加强宣传效果，提升店铺知名度，给消费者留下更深的印象，餐饮商家可以改变地推时进行宣传的媒介——最好选择一些物美价廉的、对消费者来说有一定实用性的物品。如耐用的手提袋、消费者接受度较高的小瓶饮料等，在这些物品上加印自家店铺信息和产品信息。这样的话，无论是手提袋还是小瓶饮料等，都不会被消费者马上就抛弃，能在更大程度上、更长时间内让消费者对自家店铺和产品产生印象。

当然，这种地推方式因为成本方面的原因，准备的份数不会太多，可能只有两三百份，因而其在传播范围方面不会产生与传单一样较广泛的效果，但在影响消费者的辨识度方面明显更具效力。

而且，在某一商圈内，一家餐饮新店如果能凭借地推时散发的两三百份物品，牢牢地吸引住这些消费者，让他们下单并好评，那么这一家新店发展起来的机会还是比较大的。

8.3.2 创意优惠：两种方法获取更多好评

对一家餐饮店铺来说，如果在上线后能让消费者全部都给5星好评，那么外卖平台就有可能加大力度推广该新店了。可见，获取消费者好评对一家新店成败的重要性。因此，餐饮商家可从这一角度出发，通过获取好评的方式实现推广。

而消费者下单后商家通过各种方式给消费者提供优惠，是获取好评和提升复购率的好方法。下面介绍两种实用的创意优惠方法。

1. 赠送小礼品或优惠券

优惠券和小礼品都是在营销推广中经常用到的，餐饮商家的运营也不例外——餐饮商家可以通过赠送小礼品或优惠券的方式来吸引消费者下单或给好评。

图 8-11 所示为一家外卖餐厅随订单附赠的通过扫码获取红包的宣传单。其实，这种红包就是一种更广泛意义的优惠券，可以在一定时期内当作优惠券使用。

2. 推出刮刮卡红包

如今，使用支付宝付款可以通过刮刮卡来获取福利。同样，在餐饮领域，也有利用刮刮卡来进行运营的案例。图 8-12 所示为一家餐厅推出的"你吃饭我买单幸运刮出来"的优惠活动中的刮刮卡。

图 8-11 餐厅随订单附赠的扫码领红包宣传单

图 8-12 餐厅推出的刮刮卡示例（正面）

在外卖新店运营中，商家可以附赠下单的消费者一张自制的刮刮卡——刮刮卡上设置有小额的、不同数量的红包，并对参加该活动的消费者提出要求，需要消费者给店铺 5 星好评并截图证明即可获得与刮刮卡上等额的红包。这样的话，一般的消费者都会为了获得红包而给出 5 星好评。当店铺通过好评实现了排名靠前，那么被消费者搜索到的机会也就加大了，且消费者看到店铺好评率高，自然下单的机会也就越大。

当然，还有各种各样的方式可以让消费者给出好评和进行回购。餐饮商家只要找对角度,就能在外卖新店的推广运营中初战告捷。

8.3.3 快速出餐:6种措施提升出餐速度

在外卖新店的线下运营中,运营推广固然重要,然而如果只是一味地进行推广和给消费者提供优惠,而没有好的品质予以保证,那么不管推广策略多么好,对店铺来说也终将徒劳无功。

而在店铺的品质影响因素中,除了菜品口味外,出餐速度也很重要。因此,餐饮商家有必要通过各种努力,让自身拥有超快的出餐速度,这样不仅可以获得消费者的好感,还可以为新店发展起来后可能出现的爆单情况做好准备。

那么,餐饮商家应该如何做才能提升出餐速度呢?具体来说,可从以下6个方面着手,如图8-13所示。

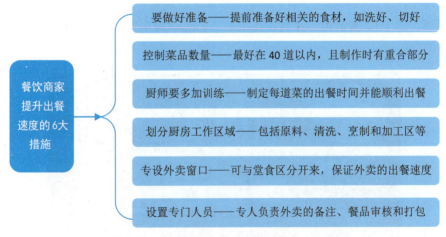

图8-13　餐饮商家提升出餐速度的6大措施

当然,如果餐饮商家对自身的出餐速度还不放心,为了慎重起见,还可以在试营阶段进行下单测试,查看是否能在规定时间内出餐。如果存在问题,可快速改进。

8.3.4 及时送达:两个方面确保订单不积压

一般来说,餐品无法在规定时间内送达消费者手中,除了受商家自身的出餐速度影响外,还有可能是因为配送情况和订单数量过多。因此,为了确保订单不积压,餐饮商家需要在以下两个方面下功夫。

1. 要确保后续运力

在外卖新店上线初期,一般由于配送员的试错成本较高,是很少有外卖骑手愿意接单的。此时,餐饮商家就应该积极与配送站联络和合作,并提供相应的针对骑手的优惠措施,从而让骑手愿意为你配送餐品。图8-14所示为一些外卖商家针对骑手的可借鉴的实用方法。

图8-14 一些外卖商家针对骑手的可借鉴的实用方法

2. 解决订单过多问题

在外卖新店运营过程中,在能保证出餐速度和有足够运力的情况下,如果因为繁忙期的订单过多而使得订单积压,那么餐饮商家可从3个方面来解决问题,具体内容如图8-15所示。

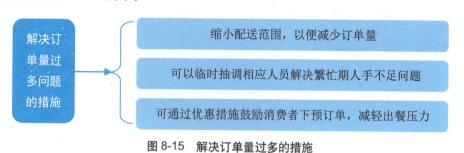

图8-15 解决订单量过多的措施

8.4 上线后运营2:6个方面做好线上运营

外卖业务,其更多的成长空间还是在线上。因此,餐饮商家要注意在线上运营方面下功夫,确保外卖新店顺利经营和存活下去。本节将从6个方面介绍如何做好线上运营，打造出一个更好的线上外卖环境。

8.4.1 开启加权期：做好准备才能实现最大化利用

无论是"美团外卖"还是"饿了么"平台，都会对新开的店有一个维持7天的流量扶持期，即平台加权期，以便帮助新店提升其排名，让其能与老店一争长短。而加权期一过，外卖平台会根据店铺的好评、流量、订单等，将其与老店放在一起进行排名。

在这样的情况下，老店长时间内积累的实力毕竟不容小觑，如果新店没有利用加权期让自身店铺的好评和订单量有一个好的成绩的话，那么加权期之后其排名将非常靠后，不利于后续运营。

因此，餐饮商家要利用好加权期这一外卖平台的扶持。而要做到这一点，并不是简简单单一句话就可实现的，它不仅需要餐饮商家在加权期内努力，还要求在做好准备的情况下再开启加权期。"好钢要用在刀刃上"说的就是如此。换句话说，餐饮商家开启加权期并不是任何时候都合适，而是需要选择合适的时机，这样才能让加权期的福利资源得以最大化利用。

在笔者看来，外卖新店最好满足3个条件后再开启加权期，才能有效冲击销量和好评，如图8-16所示。

```
                    ┌─ 首先，要有一个基础的销量保证：外卖新店的
                    │   销量需要达到同区域的同类型门店的20%~30%
                    │
外卖新店开启加权期要 ─┼─ 其次，要能保证出餐速度和餐品品质：要求在
满足的3个条件       │   1~2周内掌握周边配送情况和预估销量
                    │
                    └─ 再次，要积累一定的消费者评论和好评：线上
                        的评论数要达到50条及以上，且评论内容中要有
                        5~10条有内容的带图评价
```

图 8-16 外卖新店开启加权期要满足的3个条件

8.4.2 初期对外1：充分利用平台的新店资源扶持

上面为大家介绍了在什么时候开启加权期才最好。那么，开启加权期后，在"美团外卖"和"饿了么"平台上究竟有着怎样的扶持呢？

首先，在"美团外卖"和"饿了么"平台上都有专门的新店通道入口——消

费者在对商家进行筛选时,会有"新商家""新店"作为筛选条件,如图 8-17 所示。餐饮商家可以充分利用这一条件获取更多流量,进而实现消费者转化。

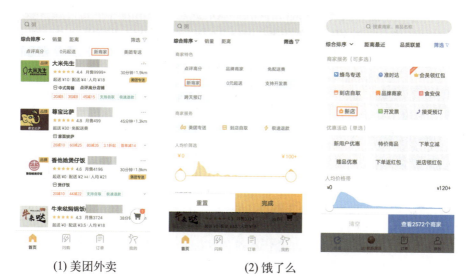

(1) 美团外卖　　　　　(2) 饿了么

图 8-17 "美团外卖"和"饿了么"平台上的新店通道入口

其次,在"美团外卖"和"饿了么"平台上还会借助一些渠道安排专门的位置对新店进行轮播展示。图 8-18 所示为"饿了么"平台上"外卖"页面的"推荐商家"列表和"美食"频道页面的新店展示。

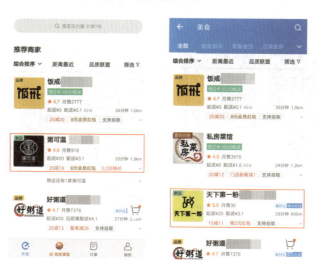

图 8-18 "饿了么"平台上的"外卖"页面的"推荐商家"列表和"美食"频道页面的新店展示

然而，虽然采用的是轮播形式来展示，但是店铺出现的概率和时间的长短并不一样——它依据新店的自然排名来决定轮播的权重。基于此，餐饮商家有必要通过各种途径来提升转化率和店铺排名，从而让轮播展示的时间更长。当然，这也是有利于后续运营的排名优化的。图 8-19 所示为提升转化率以提升店铺排名的主要途径。

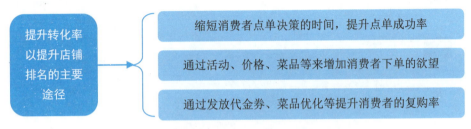

图 8-19　提升转化率以提升店铺排名的主要途径

8.4.3　初期对外 2：配合活动赢得更多曝光机会

在 7 天加权期间，新店商家不仅要自己推出优惠活动来进行运营，还要结合外卖平台推出的活动来进行营销，打好活动营销组合拳。新店只要参与平台的活动，就会有相应的入口设置，这就为消费者进入店铺多提供了一个入口，也给店铺提供了一个更多的曝光机会。比较直接的是利用活动直接展示店铺的入口，如图 8-20 所示。

图 8-20　利用活动直接展示店铺的入口

另外，还可以让自身某一产品（特别是店铺打造的热销菜品）参与到相关优惠活动中，从而为消费者提供入口，如图 8-21 所示。

图 8-21 利用自身店铺的某一产品参与优惠活动的入口

总之，新店商家只要利用好 7 天加权期和平台上的一些热点、优惠活动，打好平台与店铺的活动组合拳，那么在冲刺店铺排名和提升流量方面必然有着显著效果，从而有利于 7 天加权期过后店铺的运营。

8.4.4 初期对内 1：4 种活动加大店铺优惠力度

由上文可知，在外卖平台上，新店要想获得更多的流量和曝光量，利用好 7 天加权期很重要。此时，新店商家除了要充分利用平台提供给新店的入口和渠道资源外，更重要的是要通过对线上自身店铺的打造和优化，让入口和渠道资源得到更加充分的利用。

专家提醒

对新店来说，对外充分利用平台提供的新店资源和对内优化线上店铺是相辅相成的。只有对内进行线上店铺的优化，才能加大新店的权重，才能充分利用平台提供的新店资源，获得更多流量和曝光量。同样的，只有在拥有平台提供的新店资源的情况下，对内进行的线上店铺的优化才有展示的机会，否则，新店是无法在老店铺众多的平台上崭露头角的。

在对内的线上店铺优化方面，新店商家可以从优惠、爆款和评论 3 个方面入手来解决。本小节将从店铺优惠的角度来介绍如何在新店运营初期实现优化。

在笔者看来,在"新店7天特权"时期,商家要做的是如何为新店打下销量基础,提升特权结束后的店铺排名,而不是为了获得多少利润。因此,商家可以通过加大优惠力度来吸引用户下单,冲击店铺销量。

在外卖平台上,商家可采用的优惠方式多种多样,因此,首先应该进入外卖平台查看其他店铺的优惠方式和优惠力度,然后再结合自身店铺状况设置优惠活动。一般来说,新店可采用的优惠活动有4种,如图8-22所示。

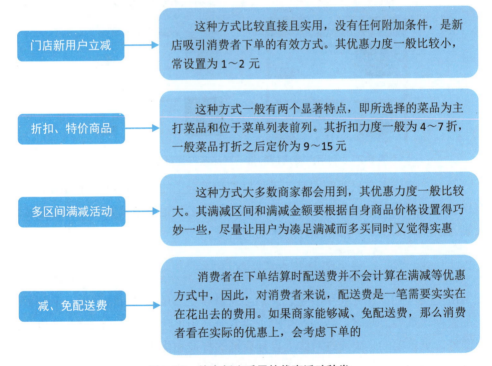

图 8-22 外卖新店采用的优惠活动种类

专家提醒

关于图8-22中所介绍的外卖新店可以采用的4种优惠活动,还有几个问题需要注意,具体如下。

(1)"门店新用户立减"与"首单减""新用户立减"是存在区别的,前者是针对进入自身店铺下单的消费者,而后者是针对平台来说的,如果消费者是首次在该外卖平台上下单才会有下单立减优惠。

(2)设置店铺的折扣、特价商品时,商家最好采用套餐的方式,这样更有利于获利。

8.4.5 初期对内2：打造爆款给消费者留下好印象

打造爆款是一个店铺吸引消费者、提升销量的绝佳方式。新店在运营过程中，首先要有一个打造爆款的目标，并积极进行运营，打造自身的爆款和招牌菜品，才能真正给消费者留下好印象。

而对新店来说，也只有通过给消费者留下好印象，同时通过一个或多个能站得住脚的主打菜，提升消费者对店铺的认知度，才能让消费者不会在7天加权期过后就忘了它。当然，也只有这样，才能让新店真正在外卖领域有一争之力。

那么，新店商家应如何打造爆款呢？下面将从6个方面来进行介绍，如图8-23所示。

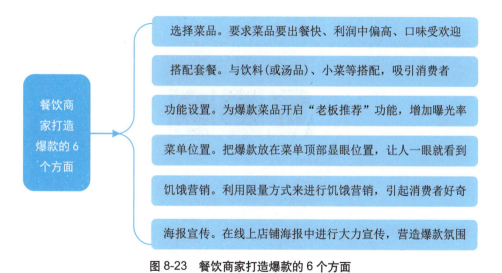

图8-23 餐饮商家打造爆款的6个方面

8.4.6 初期对内3：要及时、巧妙地回复差评

在7天加权期间，新店要尽量积累好评，最好不要出现差评。当然，随着订单的增多，出现差评也是不可避免的。基于此种情况，新店商家应该安排专门的运营人员管理后台消费者评论区。

特别是对消费者给出的差评，运营人员应该及时给出有力的回应，减少差评的影响。有时好的回复还能产生积极的效果，一方面可能让消费者主动修改差评，另一方面可能会让查看评价的消费者因为回复巧妙而更多地关注商家。

那么，在对差评进行回复时，从基本的要求来看，应该注意哪些方面呢？具体来说，主要包括3点，如图8-24所示。

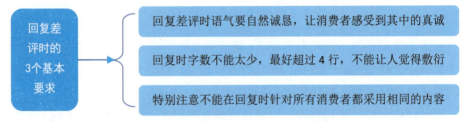

图 8-24　回复差评时的 3 个基本要求

除了这些基本要求外,好的差评回复还有一个比较完整的格式可供运营者参考,下面以举例的方式来进行具体介绍,如图 8-25 所示。

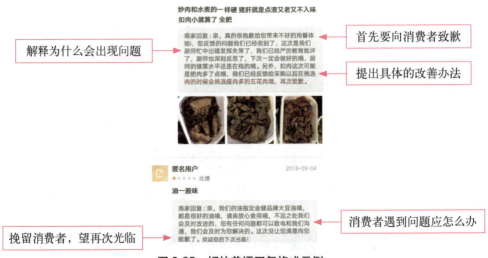

图 8-25　好的差评回复格式示例

第 9 章

老店外卖玩法：让企业焕发行业新生机

> **学前提示**
>
> 餐饮商家想要获得更好的发展，拓展线上外卖业务是必由之路，这是符合餐饮行业发展趋势的。那么，扎根于线下业务的餐饮商家应该如何打造线上店铺，使其获得更多订单和实现销售额剧增呢？本章就对这一问题进行解答，从而让老店焕发新生机。

- 运营创新：8个建议，趁势争夺制胜高地
- 口碑打造：5种技巧，巧妙打造5星店铺
- 典型案例：5大见证，获悉老店外卖详情

9.1 运营创新：8个建议，趁势争夺制胜高地

外卖市场的份额虽然很大，但是竞争也同样激烈，面对这一外卖趋势，各餐饮老店纷纷使出浑身解数，用各自独特的打法来争夺制胜高地。本节主要介绍外卖运营下的8大创新建议，帮助外卖平台、商家以及相关企业等提升竞争力。

9.1.1 3个方面改变自我，挖掘新的盈利空间

从2017年开始，各大平台经过合并整合后，形成了寡头竞争的格局，都开始关注自身的盈利，对于入驻商家抽取一定的提成，从商家处分得不少利润。同时，外卖平台的话语权也在不断提高，而商家则要面对更高的流量成本。因此，商家首先要做的就是改变自我，调整成本和经营策略，如图9-1所示。

图9-1 外卖商家"改变自我"的相关建议

外卖行业的市场潜力仍然巨大，餐饮商家将会借助合适的外卖平台更好地发力，共同提升服务质量和运营效率，挖掘新的盈利空间。

9.1.2 3个方面改变微观，扩大目标消费群体

在国内，外卖消费群体不仅非常庞大，而且增长速度也非常快，因此外卖O2O在宏观上还拥有巨大的发展空间。对于外卖行业来说，可以在微观上做一些细节的调整和改变，让外卖能够适应更多的人群，具体方法如图9-2所示。

图9-2 外卖商家"改变微观"的相关建议

9.1.3 3个方面变更需求，培养高端市场客户

"互联网+"改变了人们的生活方式，同时也改变了人们的需求，外卖行业同样要引起重视，吸收新的商业文明，学会适应和调节市场需求。

如今，外卖市场已经趋于稳定，如何更好地满足用户的基本需求，成为新的竞争壁垒。过去，平台大都是采用超低的价格和大量的补贴来吸引用户，随着白领外卖市场的成熟，这种模式正在退化。人们的需求开始向"及时安全的服务"方向转变，并成为外卖市场的准入标准，如图9-3所示。

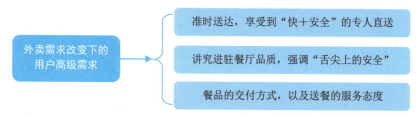

图9-3　外卖需求改变下的用户高级需求

而平台和商家必须根据用户需求的改变，运用新商业文明的思路对自身进行改造，提供高质外卖服务，培养更多高端市场的忠实客户，拓展利润空间。

9.1.4 6个方面创新工具，提供更多优质体验

提到新商业文明，就不得不说一下其中要用到的新科技和工具，如图9-4所示。可以说，外卖行业中包括非常多的新工具，同时外卖平台和企业将依托这些尖端的技术和工具，为用户带来更多优质的服务体验。总之，外卖与硬件、与物联网技术、与人工智能，还会有很多结合点。

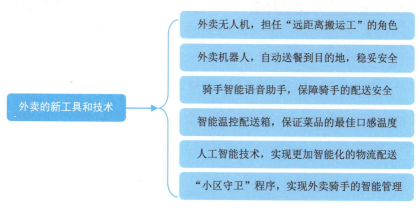

图9-4　外卖的新工具和技术

9.1.5 布局内容信息流，利用好流量变现利器

随着新媒体平台的盛行，以及自媒体创业的火爆，内容电商成为高性价比的流量变现利器。因此，很多外卖平台也开始布局内容信息流，如美团外卖、口碑网、淘宝以及百度外卖等都推出了信息流功能。

例如，在"百度外卖"APP的底部导航栏中有一个"指南"频道，包括各种时下流行的美食推荐文章，给用户带来大量优质的美食内容，更为全面地实现内容与电商二者的互通，如图9-5所示。

又如，饿了么平台上虽然没有直接开发内容板块，但阿里巴巴通过将饿了么与支付宝对接，在口碑网信息流栏目"口碑生活圈"中推荐优质的餐饮商家，为饿了么进行导流，帮助用户获取餐馆信息、商品信息和优惠信息等优质内容，如图9-6所示。

图9-5 百度外卖的"指南"频道

图9-6 "口碑生活圈"中的优质美食内容

大家熟悉的美团外卖则主要依托大众点评上的海量美食图文点评内容，为用户提供大量的优质内容信息流，同时它还可以为外卖业务进行外部导流，如图9-7所示。

图 9-7　大众点评的图文点评内容以及"外卖"标签导流功能

9.1.6　多个方面加强管理，切实保障各方利益

过去，外卖行业缺乏标准和监管，而且商家和从业者的准入门槛非常低，从而引发了很多安全问题。随着外卖平台的发展，以及人们消费需求的改变，食品安全、交通安全、环境污染以及隐私保护等问题变得刻不容缓。

例如，饿了么将通过对送餐电动车进行编号挂牌，实现"一车一码"、"一车一人"对应的信息化管理，整编无序送餐车，让投诉可追溯。

正所谓"民以食为天，食以安为先"，外卖是食品安全监管的重要领域，政府、平台、商家以及配送团队等需要共同努力，规范外卖餐饮经营行为，切实保障各方的安全和利益，增强行业的风险抵抗力。

9.1.7　积极进行线上互动，促进自身品牌提升

随着智能手机的普及和移动互联网的发展，在营销市场上，商家通过与消费者之间的互动了解其需求，帮助解决问题，同时提升自身产品质量和消费体验，最终促进自身品牌的发展和销售的增加。

在餐饮市场上，餐饮商家积极与消费者互动，也是外卖运营过程中的应有之义。在这一方面，信远斋就基于其品牌定位，让饮品老企业焕发新生机。

说到已有 270 多年历史的信远斋，大家都会想到其桂花酸梅汤——选用地道熏制乌梅采用古法秘方熬制，真正做到了其定位标准——"熬出骄傲"，凸显品牌工匠精神。就是这样的大品牌、老品牌，在移动互联网环境下，也活出了年轻态——积极与消费者进行线上互动。图 9-8、图 9-9 所示分别为信远斋与 20 多个品牌发起的"时间会把陪伴熬出爱的骄傲"的线上互动活动和活动结果展示。

图 9-8　信远斋与 20 多个品牌发起的"时间会把陪伴熬出爱的骄傲"的线上互动活动

图 9-9　信远斋与 20 多个品牌发起的"时间会把陪伴熬出爱的骄傲"的活动结果展示

  信远斋选择在 5 月 20 日这一有着特殊意义和受年轻人喜欢的日子，通过微信公众号推出线上互动活动，并在微博社交平台上配合"时间会把陪伴熬出爱的骄傲"话题活动，如图 9-10 所示，深受广大年轻人好评。同时，信远斋还在电商平台上展开促销活动，以便促进产品营销。

图 9-10　信远斋"时间会把陪伴熬出爱的骄傲"的微博话题活动内容

9.1.8　串联线上线下，实现精准营销和有效管理

在未来的餐饮市场上，如果想让店铺发展下去，实现精准营销和有效管理，那么"如何利用数据来经营"是一个必须要思考的问题，而串联线上线下的管理实现数据营销是整个餐饮行业转型的需要，具体如图 9-11 所示。

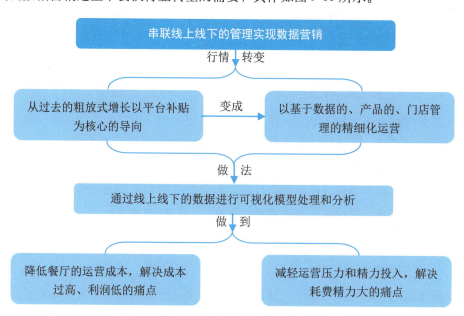

图 9-11　串联线上线下的管理实现数据营销

9.2 口碑打造：5种技巧，巧妙打造5星店铺

虽然店铺的口碑是消费者给的，但是，店铺的口碑从根本上来说却是由商家的运营情况决定的。且店铺的运营本身也是有技巧的，商家要想提高店铺的好评率，迎来口碑的持续暴涨，还得掌握一定的运营技巧。本节就来具体解读提高老店口碑的5种技巧，帮助大家更好地打造5星店铺。

9.2.1 从消费者新鲜感出发，不断开发新品

不知道大家有没有这样的经历，小时候感觉很好吃的东西，长大了之后再吃时，即便它的制作方法没有改变，但是味道却没有小时候那么好了。除此之外，如果你很喜欢吃一种食物，在连续一段时间都吃该食物时，会觉得该食物变得越来越难吃了。

其实，在此过程中，食物的味道可能并没有变化，只是我们品尝的东西多了，或者连续一段时间都吃该食物时，我们的嘴巴开始变得挑剔了。

商家在运营的过程中也需要注意一点，如果你的店铺长期提供的都是一模一样的菜品，不仅消费者数量会呈现整体下降的趋势，就连店铺口碑也很可能会越来越差。

因此，商家在做好经典菜品的同时，还得适时推出一些新品。毕竟每个消费者的需求不同，有的消费者可能喜欢经典的味道，而有的消费者却需要新鲜感。当然，在开发新品的过程中，为了让开发出来的菜品更加符合消费者的心意，商家还需要重点把握好3点，具体如下。

1. 品质，需要重点把握

消费者在评价一件商品时，往往会将其品质作为一个重要的参考项。纵观各大国际餐饮品牌，其食物无不是品质上佳的。虽然商家很难通过某一个菜品就让消费者看到店铺产品的品质，但是，品质无论在什么时候都是需要重点把握的。

如果商家原来的菜品品质都比较好，而新菜品的品质却远达不到消费者的预期，消费者就会觉得商家在做新菜品时没有用心。在这种情况下，消费者对商家的评价可能会越来越差。

2. 创新，多种方式来实现

新菜品的重心在于"新"，这个"新"需要通过创新来实现。在笔者看来，菜品的创新主要有两种方式：一种是名称的创新，另一种是菜品的创新。

名称的创新,就是菜品本身没有变化,只是将名称做了更改。比如,一道菜从最初的"肉末粉条",到现在的"蚂蚁上树",可能食材和做法都没有变,只是名称变了,但是它给人的感觉却变了。

除了单纯地修改名称之外,商家还可以通过将菜品以套餐的形式取一个新名字,让这个套餐成为一种新的菜品。图9-12所示为"叫个鸡(××店)"推出的套餐。它只是将一些常见的菜品进行组合推出的新套餐,却因为契合了圣诞节这个主题,而让人感受到了新意。

除了名称的创新之外,另一种创新方式就是菜品本身的创新。图9-13所示的"金拱门那么大圆筒布丁"就是麦当劳公司在改名"金拱门"之后推出的一款新品。

图9-12 圣诞节套餐　　　　图9-13 麦当劳"金拱门那么大圆筒布丁"

3. 适合,才能卖给合适的人

成功的商家一定明白一个道理,那就是将合适的菜品卖给适合的人,不仅能更快地卖出,更能收获更高口碑。这也是许多商家在开店之前进行多方定位的重要原因。

商家在开发新菜品的过程中,也需要重点考虑菜品是否适合消费者。比如,在一个喜食辣椒的地区,消费者可能是无辣不欢的。如果你在这样的地区,开发一个非常清淡的菜品,那么,很可能不会有太多消费者关注。

9.2.2 从菜品价格出发，两种方法提升好感

当我们对一件事没有太多头绪时，由果溯因也许是一种不错的方式。商家要想提高店铺的口碑，可以看消费者是基于什么原因给的好评，只要把这一点做好，消费者就有可能会给你好评。

消费者给好评的原因不尽相同，其中一定会有相当一部分人是因为店铺中产品的价格优惠才给的好评，这就说明有许多消费者对菜品的价格是比较在意的。针对这一点，商家可以通过为消费者提供价格优惠的菜品，或者说提供在消费者看来价格优惠的菜品来提升消费者对店铺的好感度。

通常来说，在外卖平台中有两种方法可以让消费者觉得他们买的菜品非常划算，如图 9-14 所示。

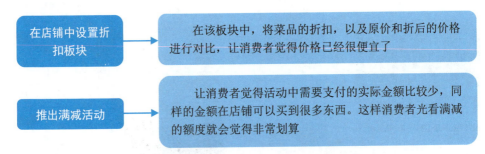

图 9-14　让消费者觉得他们买的菜品非常划算的两种方法

9.2.3 从菜品味道出发，两方面达到用户要求

对于一个吃货来说，食物味道一定是关注的重点。如果一道菜品的味道很好，即便其他方面有不足之处，吃货们也会直接给好评。反之，如果一道菜品的味道不好，即便其他方面都做得很好，吃货们可能也会毫不犹疑地给差评。

这一点从消费者给商家的评价就可以看得出来。在一般的店铺评价页面，"味道好"成为好评的一个关键词。那么，如何让消费者觉得你店铺中的菜品味道好呢？笔者认为商家可以从两个方面努力，具体如下。

1. 商家口中的味道：看介绍就想要尝一口

所谓商家口中的味道，就是商家通过图片、文字等信息，让消费者感受到的味道。为了刺激消费者的下单意愿，商家有必要让消费者觉得你提供的菜品味道非常好，光看你的介绍就想吃上一口。

2. 消费者口中的味道：消费者给出好评的保证

相比于商家口中菜品的味道，消费者往往更重视其他消费者口中菜品的味道。这主要是因为商家口中的味道是为店铺的营销服务的，所以，商家展示的相关信息在消费者看来是不可尽信的。而其他消费者口中的味道，一般是从消费者的角度来评价的，再加上只有消费者在消费之后才可以评价，所以其他消费者口中的味道在消费者看来更加客观，也更具参考性。

因此，归根结底，商家还得认真做好菜品，保证菜品的味道。毕竟，在大多数情况下，只有菜品味道真正达到了要求，消费者才会认为菜品的味道好，并给出好评。

9.2.4 从菜品卫生情况出发，给出足够重视

许多人之所以不喜欢点外卖，最主要的一个原因就是，部分外卖店铺的食品制作环境脏、乱、差，再加上厨师等人员在工作过程中不太注意。因此，外卖的卫生情况难以保证，吃了可能会影响心情，甚至影响健康。

对于商家来说，健康、卫生应该是从业的底线。更何况，当消费者向相关部分反映店铺存在食品安全问题时，一经查实，店铺还将面临处罚。

因此，商家在菜品制作的过程中，必须将健康、卫生时时刻刻牢记心中。菜做得好不好吃，只是水平问题，而如果健康卫生问题没有做到位，就是思想道德问题了。水平不足消费者或许还能理解，思想道德有问题消费者就绝对不会容忍了。

这一点从消费者的评价中就可以看出端倪。首先，"不新鲜"成为评价店铺是否健康、卫生的一个关键词。从一定程度上来说，"不新鲜"只是消费者在品尝时的一个感觉，甚至不代表店铺的食品不健康、不卫生。可即便如此，很多消费者还是会给差评。由此便不难看出消费者对于健康、卫生的重视。

除了"不新鲜"外，从消费者的反映来看，店铺菜品不够健康、卫生主要还表现在两个方面：一是吃完后身体不适；二是在进餐的过程中，发现外卖中有杂物出现。

与菜品味道不同，健康、卫生问题是可以直观把握的，只要商家足够重视，就不会出现此类问题。当然，除了自身做好之外，商家还可以通过其他方式，让消费者相信你的菜品是健康、卫生的。

比如，办理"食安保"，并在店铺的介绍界面中进行展示，让消费者知道店

铺的食品安全是投了保的，食品的安全是有保障的，如图 9-15 所示。

图 9-15 办理"食安保"的商家示例

9.2.5 从品牌口碑出发，增加消费者的好评度

消费者在下单前，往往会查看他人对店铺的评价。所以外卖店铺的口碑建设，还得注重网络评论的引导，增加消费者的好评度，让潜在消费者看到店铺的高口碑。

通常来说，网络评论引导主要有两种方向，一种是从消费者的评论出发，通过道歉、补偿等途径，将差评变为好评，从而提高店铺的好评率。这一点将在 11.4.3 节中进行详细论述，在此不再赘述。

另一种是通过营销手段，在消费者心中树立一个高口碑的形象。比如，海底捞借助"抖音"APP，不仅营造了许多热门话题，而且消费者也分享了许多与该品牌相关的视频，并且这些视频还获得了大量的点击率。图 9-16 所示为"抖音"APP 中与海底捞相关的部分话题和视频。

虽然这些看起来只是一种营销手段，但是，在一些消费者，特别是没吃过海底捞的消费者来说，却会形成这样一种印象：既然有这么多人与该品牌进行互动，就说明很多人在吃过该品牌的菜品之后觉得还不错。而这样一来，海底捞在消费者心中的口碑自然就变得更高了一些。

图 9-16 "抖音"APP 中与海底捞相关的部分话题和视频

9.3 典型案例：5 大见证，获悉老店外卖详情

上文从创新和口碑打造两个方面介绍了多种传统老店开展外卖业务的技巧，相信大家已经对如何开展老店外卖有了一定认识。那么，这些老店究竟是怎样推动外卖业务的呢？下面将举例说明。

9.3.1 "老街坊"赢得回头客，将外卖生意做得风生水起

根据饿了么平台的相关数据显示，在杭州所有的外卖店铺中，全年订单最多的店铺达到 15 万+份，这就是位于翠苑三区的"老街坊"餐厅，如图 9-17 所示。

2018 年 9 月，"老街坊"的单月订单数量达到 20 000＋份。要知道，"老街坊"并不是位于闹市区，而是开在小区里，附近还有夜宵小吃一条街以及众多的餐饮商家，但"老街坊"却将外卖生意做得风生水起。据悉，由于"老街坊"的外卖订单量非常大，很多外卖平台还在这里设置了调度点。

"老街坊"餐厅分为堂食和外卖两个团队，外卖团队由老板亲自带领，后厨分工非常明确。同时，"老街坊"餐厅以私房菜为主，具有性价比高、分量足、食材新鲜、口感好等优势，因此回头客非常多。据悉，"老街坊"每天都有 800 份左右的外卖订单，最高时超过了 1000 份，其中有 70% 左右的用户都是回头客。

图 9-17　"饿了么"APP 上的"老街坊（翠苑店）"的相关页面

9.3.2　"西贝莜面村"完善线上销售，催生外卖知名品牌

"西贝莜面村"创立于 1988 年，目前在深圳、广州、北京和上海等城市已开设了 200 多家店铺。在 2018 年 1 月，它创造了线上单月成交额超过 4700 万元的奇迹。这也让"西贝莜面村"成为美团外卖的第一正餐品牌。

"西贝莜面村"中的西贝是"西北"的谐音，而其提供的食品也以西北草原美食为主。正是因为其鲜明的地方特色风味，"西贝莜面村"收获了许多忠实的消费者。

如果说线下实体店让"西贝莜面村"在餐饮业占得了一席之地，那么，外卖便是让其成为国内知名品牌的一个催化剂。虽然"西贝莜面村"并不像海底捞那样，开发了专门的外卖 APP，但是它也拥有自己的外卖品牌。

"西贝莜面村"的外卖平台主要是它的公众号。在公众号中，它为用户提供了点外卖功能，消费者可以选择送餐到家，或者到店自提。图 9-18 所示为"西贝莜面村"公众号线上点外卖的相关页面。

另外，"西贝莜面村"的外卖还要依靠第三方外卖平台，特别是美团外卖。当然，除了美团外卖之外，"西贝莜面村"的部分店铺与其他外卖平台也有合作。

图 9-19 所示为西贝莜面村在"美团外卖"和"饿了么"APP 上开设的店铺。

"西贝莜面村"的成功一方面说明了第三方外卖平台对于餐饮品牌发展的巨

大推动力；另一方面，也显示了"西贝莜面村"自身线上销售平台建设的日趋完善。

图 9-18 "西贝莜面村"公众号线上点外卖的相关页面

图 9-19 "西贝莜面村"在"美团外卖"和"饿了么"APP 上开设的店铺

9.3.3 "正新鸡排"进行资源整合，自如应对新零售竞争

"懒人经济"作为一种经济现象，事实上已不可逆转。"正新鸡排"是典型

外带型门店品牌，非常适合外卖业务。说到"正新鸡排"的发展，还得从 2016 年说起。

为了巨大的外卖市场，同时为了将来的有利竞争，"正新鸡排"于 2016 年加入了美团外卖，这是在继美团团购后又一次强强联手，加强双方在业务层面的合作深度，也是平台线上资源与品牌线下资源的一次整合。图 9-20 所示为"美团外卖"APP 上的"正新鸡排"不同分店展示和门店信息示例。

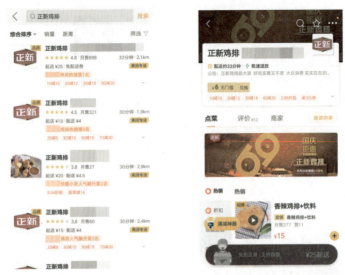

图 9-20　"美团外卖"APP 上的"正新鸡排"不同分店展示和门店信息示例

美团外卖拥有海量用户，"正新鸡排"在美团外卖得到了足够的曝光，获取了大量新用户，不仅带来了额外的营收，也从线上带动了线下的收入，更重要的是，美团外卖迅速帮"正新鸡排"补足了线上的短板，可以更好地应对如今的新零售竞争。

"正新鸡排"的消费时段一般是下午茶和夜宵，很多用户不愿意出门，外卖正好可以满足随时随地想吃正新产品的用户的需求，从而保持住了企业与用户间的黏性；"正新鸡排"有自己的工厂，产能巨大，外卖也助正新产能消耗，使得企业的边际成本递减，从而帮助"正新鸡排"更快地占领全球鸡排细分领域的市场。

外卖运营要以用户为中心。首先要做好用户体验，什么样的体验最好呢？那就是超出用户预期。"正新鸡排"通过给用户赠送梅汁，让用户产生惊喜，再就是用精美的包装打包油炸和烤制的产品，颠覆了用户对于此类产品的传统印象，给用户带来了不一样的感觉。其次，要为用户省时间，活动不是越多越好，可以砍掉无关紧要的活动,帮用户消除选择困难症。

"正新鸡排"总部的运营专员会不定期拉出客户的评论,直达用户的意见需求。如果是配送方的问题,比如配送慢、骑手点击提前送达等,一般不会去投诉骑手,而是跟配送站进行有效沟通,把配送造成的影响降到最低。

让用户成为回头客的关键是做好产品,首先要保证产品的品质,这是基础;其次产品要多样化,以满足不同顾客的口味;最后产品一定要升级,在如此激烈的竞争市场,正新能有源源不断的回头客,跟"正新鸡排"推出了"正新汉堡"有很大关系。其他提升复购的有效方式还有定向发送代金券唤醒用户,除此之外还通过挖掘后台的数据,查看门店实付客单价的分布,据此设置不同档位的返券金额。

9.3.4 "麦乐送"外卖服务推出,享受麦当劳高品质食品

麦当劳(McDonald's)是全球大型跨国连锁餐厅,大约拥有3万间分店。麦当劳一直坚持为消费者提供便利服务,如"麦乐送"就是麦当劳推出的外送服务,包括APP和官网两种渠道,让消费者在餐厅外也能享受到高品质食品。图9-21所示为"麦乐送"网上订餐平台。

图9-21 "麦乐送"网上订餐平台

"麦乐送"推出了"30分钟必达"服务,即自订单上显示的餐厅接受订单时间起,至餐点送达用户为止,所用时间不超过30分钟。如果超出30分钟,用户将获得麦当劳赠送的优惠券一份。"30分钟必达"服务仅适用于"麦乐送"平台,第三方外送平台无法享用该服务。

9.3.5 "肯德基宅急送"服务,满足不同外卖对象的需求

肯德基(KentuckyFried Chicken,肯塔基州炸鸡,简称KFC)是美国跨国连锁餐饮品牌,也是世界第二大速食及最大炸鸡连锁企业,在国内开设了5300多家连锁餐厅,其产品主要包括炸鸡、汉堡、薯条以及汽水等西式快餐食品。

"肯德基宅急送"是由肯德基推出的外送服务形式,宅急送没有设置最低起送门槛,但每单会酌收9元外送费。图9-22所示为"肯德基"APP上的"肯德基宅急送"入口及相关页面。

图9-22 "肯德基"APP上的"肯德基宅急送"入口及相关页面

"肯德基宅急送"的外卖品种非常丰富,可以满足不同外卖对象的需求,如家庭用餐或聚会、单人或二人用餐等。"肯德基宅急送"还建立了呼叫中心和配送团队,并且通过规模效应、资源共享以及成熟的管理体系,来实现成本的控制和外卖业务的顺利运营。

"肯德基宅急送"更注重稳重经营和降低风险,通过限制配送范围和服务时间,来保证外卖食物的品质。同时,针对不同城市和不同时段,"肯德基宅急送"的产品菜单和价格都进行了专属设计,确保符合当地市场行情。

第 10 章

线上线下引流：让更多消费者进店下单

> **学前提示**
>
> 一个外卖店铺要想快速发展，首先应该获得足够的订单量。而要获得订单，商家就需要想办法通过营销推广进行引流。
>
> 当然，外卖店铺引流也是有技巧的，掌握的技巧越多，引流的效果相对来说就会越好。

- 线上引流角度：4个方面提升曝光量
- 线上餐饮推广：8个方面打造社交渠道
- 线上活动引流：有效刺激消费者消费
- 线下有效引流：3种方法提升店铺销量

10.1 线上引流角度：4个方面提升曝光量

对于外卖店铺来说，有曝光才会有订单，线上引流首先要提升店铺的曝光量，让更多消费者看到店铺和活动，这样才能吸引他们下单消费。下面介绍外卖店铺的线上引流技巧。

10.1.1 多个主要曝光位要了解

一般来说，外卖平台有多个渠道可进行店铺的曝光。例如，在美团外卖中，有美团APP、大众点评APP、美团外卖APP以及小程序等渠道。其中，在美团外卖APP中，商家的主要曝光位如图10-1所示。

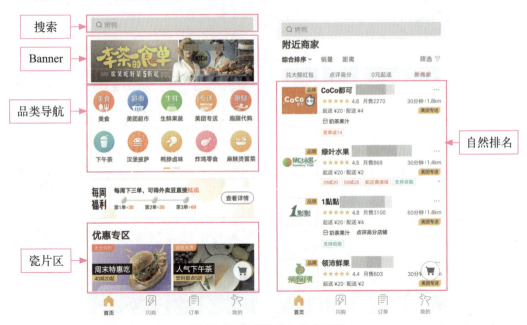

图10-1 商家的线上曝光渠道

（1）搜索流量提升：商家的主营品类定位要准确，店铺名称和菜品名称要齐全，同时可以包含附近的重要地标信息，如"××快餐(××店)"，实现与用户搜索关键词的匹配。

（2）Banner：Banner是一种活动流量，商家可以多关注平台的活动，并积极报名参与，参加活动时必须选择热销产品，从而获得更好的排名。

（3）瓷片：商家必须按要求来报名参与，在店铺后台设置合适的菜品，活动过程中会产生大量的客流。因此要注意库存是否足够，同时商家的服务质量也要跟上。

(4) 自然排名：如新商家可以利用平台给排名加权，老商家则可以开展一些阶段性的活动来提升销量。同时，商家可以选择一些单价低且消费频次高的产品来打造店铺爆款，提升店铺销量。

10.1.2　3个方面提升搜索排名

提升搜索排名可以从优化店铺信息、提高店铺质量和完善配送服务3个方面入手。例如，商家可以优化菜品名称，将店铺的主营品类描述清楚，让用户快速找到你的店铺。例如，用户在搜索"牛肉面"关键词时，即会出现"牛肉炒拉面""牛肉拉面"以及"牛肉刀削面"等产品。

另外，商家可以根据店铺现有的品类，与5大消费时段进行智能匹配，打造突出的主营品类特色。同时，商家还要重视产品质量和包装设计，以及店铺的界面装修，才能提高下单转化率。

10.1.3　5个方面优化店铺排名

影响外卖店铺排名的因素有很多，包括营业时间、经营品类、交易额、转化率、用户评价、禁止刷单、店铺特色和新商家排名等。下面介绍优化店铺排名的方法。

1．营业时间：尽量延长，获得更好排名

外卖店铺排名的主要规则为：正常营业的排名＞预下单的排名＞忙碌/休息的排名，因此商家可以尽量延长营业时间，来获得更好的排名。

2．经营品类：做好选择，提升店铺排名

经营品类的排名优化方法如下。

(1) 主营品类：在不同经营时段会优先展示不同的商家，外卖商家的主营品类若与主营时段一致，则会获得优先展示的机会，如早餐、下午茶和夜宵等主营时段。

(2) 偏好品类：如果商家的主营品类与用户偏好相符，如某用户经常点麻辣烫和冒菜等菜品，则经营该菜品的商家就会优先展示。

同时，商家还需要注意店铺实际经营的项目，必须与选择的主营品类保持一致，将主营时段的经营做好，提升店铺排名。

3. 转化率：线上线下，实现提升与优化

转化率就是进入到店铺的用户数与最终下单购买的用户数比例。在外卖店铺中，活动、图片、菜单排序及文案等都是决定用户转化率的关键因素。另外，有实体店的商家也可以将线下顾客引流到线上平台，增加线上平台转化率。

4. 交易额：4种方法，让排名更有优势

交易额越高的店铺排名也更有优势，提高交易额的主要方法如图10-2所示。

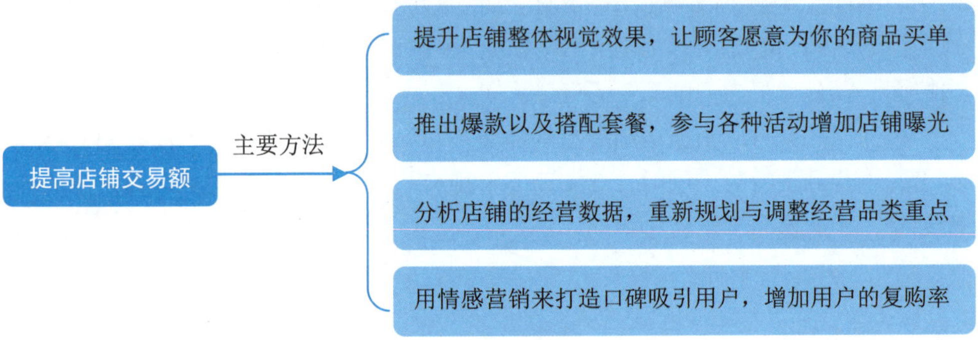

```
提高店铺交易额 —主要方法→
    ├─ 提升店铺整体视觉效果，让顾客愿意为你的商品买单
    ├─ 推出爆款以及搭配套餐，参与各种活动增加店铺曝光
    ├─ 分析店铺的经营数据，重新规划与调整经营品类重点
    └─ 用情感营销来打造口碑吸引用户，增加用户的复购率
```

图 10-2 提高交易额的主要方法

5. 评价管理：避免差评，引导用户好评

店铺评价星级会影响其排名，尤其是差评对排名的影响很大——它会导致排名下降、客源减少。因此商家一定要做好评价管理。商家可通过媒介提示、许诺福利以及提升品质和服务来引导用户好评，并通过完善的客服体系和细心引导避免产生差评。

10.1.4 两大作用就在线上活动

线上流量活动可以大幅增加店铺曝光量，提升交易额量，而且还能帮助商家提升复购率，打造爆款产品。

图10-3所示为饿了么平台上的线上流量活动入口。其中，活动海报滚动入口以及营销活动入口多为平台活动，需要商家通过商家端后台"店铺管理→平台活动"报名参加。

图 10-3　饿了么平台上的线上流量活动入口

10.2　线上餐饮推广：8个方面打造社交渠道

千篇一律的营销活动，容易带给消费者疲劳感，削弱消费者的兴趣，从而达不到预期的营销效果，因此，外卖商家应树立创新意识，打造"餐饮＋社交"营销活动，为消费者带来新鲜感，增加活动的关注度与讨论度。

10.2.1　朋友圈：通过分享快速获取大量订单

朋友圈是一个以微信好友为基础建立的社交圈，在该板块中，用户可以看到微信好友分享的各种消息。对于商家来说，朋友圈是一个良好的营销平台，只要经营得好，便可以通过分享带动销售，让店铺快速获得大量订单。总的来说，商家可以通过两种方式进行朋友圈营销，具体如下。

1．主动分享：注意适度，不要太频繁

营销很多情况下还是得主动，朋友圈营销也是如此。商家可以将店铺的相关信息分享到朋友圈中，将微信好友转变为店铺的消费者。

虽然朋友圈对于商家来说是一个良好的营销推广平台，但是，商家在进行主动分享时，尽量不要太过频繁。这主要是因为这类分享多少会有做广告的成分在里面，如果太过频繁，可能会让你的微信好友对你分享的内容反感，这样就达不到引流推广的作用了。

2．刺激分享：让好友成为店铺宣传员

除了主动分享之外，商家还可以通过一定举措，刺激微信好友在他(她)的朋友圈中分享店铺的相关信息，让你的微信好友变成店铺的宣传员。

与主动分享不同，刺激分享更多的是借助微信好友的力量，多进行朋友圈分享。而一般情况下，除非是关系非常好的微信好友，不然，可能即便看到你的微信消息，大部分微信好友也不会帮你在他(她)的朋友圈宣传店铺。

对此，商家可以通过一定的举措，让微信好友有偿分享店铺，增强其获得感。比如，可以发红包给微信好友，请求帮忙；也可以设置一定的奖励，在微信好友将店铺信息分享至朋友圈之后，给予一些奖品。

10.2.2 公众号：两种方式吸引消费者下单选购

微信朋友圈更多的只是熟人之间构建的一个关系网，而且每个微信能添加的好友也是有限的。所以，商家要想获得更好的引流效果，还得寻求新的营销渠道，而微信公众号则能很好地满足这个条件。

与朋友圈相同，公众号也是微信中非常重要的一个板块。而与朋友圈不同的是，公众号的营销对象更加广泛，不仅可以向陌生人宣传，而且宣传对象的数量甚至可以达到 10 万以上。

因此，许多商家，特别是有一定知名度的商家，一般都会开通自己的公众号。当然，公众号营销也是有方法的，商家可以通过两种方式，更好地塑造品牌形象，吸引消费者下单选购，具体如下。

1．菜单设计：直接为消费者提供购物渠道

虽然微信公众号的菜单栏设计有一定标准，但是，其中的内容仍可由商家自行决定。通常来说，商家可以在菜单栏中直接为消费者提供购物渠道，从而快速引导消费者进店消费，如图 10-4 所示。

由图 10-4 中的"麦当劳"微信公众号菜单可以看到，其中便设置了"一键自助点餐"子菜单，而消费者单击这一子菜单，便可以进入相应的点餐页面。这样一来，消费者要进店购物就非常方便了。

2．活动引流：做好活动宣传的受众基础工作

除菜单设计外，微信公众号的另一种营销推广便是活动引流。商家可以将店铺中正在进行的活动以图文消息的形式告知潜在消费者，让其知道活动的存在，

增加活动宣传的受众基础，从而增加店铺的订单量。

图 10-5 所示为"汉堡王中国"微信公众号的图文消息页面。可以看到在该公众号中向消费者推送了大量与活动相关的图文消息，而且这些活动通常都是比较优惠的。因此，当用户通过微信公众号看到活动之后，很可能就会有到汉堡王消费的冲动，从而达到引流推广的作用。

图 10-4 "麦当劳"公众号的菜单设计

图 10-5 "汉堡王中国"公众号的图文消息页面

10.2.3 小程序：两大优势让消费者快速下单

小程序是微信在 2017 年 1 月推出的一个重要板块，虽然该板块推出不过一年多的时间，但是却在互联网行业掀起了轩然大波，甚至许多电商从业者都将其视为下一个营销风口。

那么，什么是小程序呢？其实，小程序简单的理解就是装在微信上的简化版 APP，各类 APP 都可以开发自己的小程序，然后通过微信上线。而且因为小程序是直接装在微信上的，所以，用户只要找到小程序便可以直接使用，而无须像 APP 一样要花时间下载、安装。

对于商家来说，小程序营销主要有两大优势：一是可以方便在附近进行营销，二是为消费者提供更加便利的消费渠道。下面分别对小程序的这两大营销优势进行说明。

1．可以方便在附近进行营销

小程序中有一个功能可以帮助商家快速吸引附近消费者的注意，那就是"附近的小程序"。只要商家的小程序上线并开通了"附近的小程序"功能，附近的消费者便可以在微信的"发现"页面中点击"小程序"按钮，如图10-6所示，进入"小程序"页面，然后就可找到你的店铺，如图10-7所示。

图10-6 点击"小程序"按钮

图10-7 "小程序"页面

2．提供更加便利的消费渠道

我们都知道在APP上点外卖是比较方便的，其实，在小程序上点外卖比APP上还要方便。这主要是因为APP需要安装，而小程序便可以直接使用。

以"饿了么"为例，消费者要通过"饿了么"APP订外卖，首先得下载该APP。而"饿了么"APP的大小为98.7 MB，这对手机空间有限或者没有Wi-Fi的用户来说都是一个挑战。而且下载是需要时间的，如果网速较慢，可能要花几分钟，甚至十几分钟。这对于一个饿着肚子点外卖的消费者来说，无疑是一种煎熬。而小程序便很好地解决了这个问题——消费者只需在图10-7中的搜索栏中搜索"饿了么"，便可以看到"饿了么外卖服务"小程序。这样一来便可以大大节约消费者的时间和手机空间，让消费者更快地完成下单。

10.2.4 社群：3种方法让消费者成为店铺粉丝

社群是指因为共同兴趣或目标而聚集在一起的群体。社群营销的优势在于，只要知道社群成员的需求点，针对营销便可以让商家快速获得大量的消费者，而且通过社群建设，可以提高消费者的黏性，让消费者变成店铺的粉丝。下面介绍通过社群为外卖店铺引流的方法。

1. 要学会主动沟通，建设自己的社群

外卖商家的主要战场在线上，而线上平台的最大特点就是，商家和消费者很可能并不认识。但是，要想和你的消费者共建社群，没有信任又是不行的。因此，在社群营销的前期，商家一定要学会主动沟通，和你的潜在消费者建立紧密的联系，让你的潜在消费者认同你、信任你。只有这样，才有可能吸引用户，建设属于自己的社群。

具体来说，当消费者在店铺下单时，商家可以根据订单上的手机号码向消费者发送一条短信，表示对消费者在本店消费的感谢。这一方面可以展示店铺第一时间处理订单的良好服务态度，另一方面也可以让消费者感受到店铺对他(她)的重视。

2．考虑消费者的要求，并满足他们

这里的满足需求，主要是指社群中发布的内容应是消费者感兴趣的、能够满足消费者某方面需求的，而非店铺产品对消费者需求的满足。毕竟，消费者加入一个社群之后，他(她)衡量这个社群的价值不是商家的产品，而是社群本身对他(她)来说是否有用。

对此，商家可以站在消费者的角度考虑消费者的需求。比如，很多消费者之所以会加入外卖社群，可能就是希望能从中看到一些优惠信息，让自己可以买到更便宜的商品。针对这一需求，商家可以适当在社群中发布自己店铺和其他合作店铺(最好不是同一类店铺)的活动信息，让消费者觉得你发布的内容是有价值的。

当然，商家需要明白的是，建设社群的目的就是为店铺获得持续的推动力。你可以为了提高社群成员的留存率发布一些与店铺无关的优惠信息，但是，更多的还是要发布与店铺相关的优惠信息。

3. 聚焦铁杆粉丝，让他们离不开你

互联网时代粉丝的消费能力十分惊人，有时候一些在我们看来价值不大的东西，不但商家给出的价格比较高，而且销量还很不错。之所以出现这种情况，就是因为该店铺，或者店铺中的某个人拥有庞大的铁杆粉丝。

外卖商家也可以从这一方面着手来进行运营。如可以打造一个知名品牌，并用品牌名称开设微博，将消费者聚集到品牌微博之下。当然，有时候粉丝可能并没有我们想象中那么给力，此时，就需要将粉丝培养成能够支持和拥护你的铁杆粉丝。对此，商家要尽可能多地给予消费者需要的东西，既可以是物质上的，如针对粉丝举行回馈活动，也可以是精神上的，如及时与粉丝沟通，让其感受到自

己被重视。核心就是尽自己所能，拉近与粉丝的距离，让粉丝离不开你。

10.2.5　短视频：加大外卖品牌的内容说服力

随着移动设备端、移动互联网、社会化媒体的兴起与发展，短视频营销逐渐成为外卖品牌进行营销活动的重要形式。短视频营销的定义就是利用短视频展示外卖品牌和产品的优点及企业的品牌理念，是一种将互联网、视频、营销三者相结合的活动。

随着移动互联网的不断发展，短视频营销已经开始显示出它强大的魅力。这个魅力从它的定义就可以看出来，并且越来越多的年轻人，相较于传统的营销方式，更加青睐短视频营销。

例如，在"美团外卖"和"饿了么"APP的商家介绍中，就有很多短视频营销内容，如图10-8所示。没有一个外卖品牌是不想向顾客展示自己的完美形象的，因此他们可以通过短视频内容对产品、服务进行介绍，这样的效果更具说服力，能够使消费者更加相信品牌，从而有力地推动外卖产品的销售。

图10-8　"美团外卖"和"饿了么"APP的商家介绍中的短视频营销内容

10.2.6　直播：引领创业"新食尚"的风向标

在互联网时代，对于餐饮品牌营销来说，如果选择外卖电商变现的方式，则需要学会用互联网思维卖货的技巧。例如，直播就是一种以网红内容为主的社交营销方式,将互联网思维融入外卖营销中,实现品牌口碑的快速传播。

通过直播营销,可以将外卖的美食内容通过食色生香的图文、视频等内容形式进行独特的混搭,营造即时直接的感官体验,调动观众的触觉、嗅觉和味觉,成为美食达人引领创业"新食尚"的风向标。例如,饿了么和百度外卖中有约1300多家门店实现了"后厨直播",用户可以通过外卖平台APP的直播通道观看直播内容,了解外卖餐品的后厨环境和制作过程,并进行订餐。

将线下的外卖后厨引入到线上平台进行实时直播,其好处如下。

(1) 传播更为广泛。互联网直播平台拥有天然的传播基因和优势,能够突破空间、时间和地域限制,让用户更加了解外卖品牌和产品。

(2) 接受用户监督。通过直播来展示外卖的后厨,对于商家和厨师能够起到很好的社会监督作用,让消费者用餐更安心。

(3) 一体化规范经营。外卖平台可以通过直播这种热门的形式,更好地履行平台的责任义务,建立线上线下的统一标准,提升用户的用餐体验。

(4) 增加店铺排名。敢于直播后厨是外卖商家软实力上的自信体现,而且平台对于参与直播的商户还会给予一定的排名优待。

10.2.7 场景:为消费者提供外卖专属服务

场景是一种思维方式:通过互联网或移动互联网来不断制作和生成新的场景,连接不同的对象。场景是一种功能体现:以人为中心,使用互联网或移动互联网实现高效连接,用内容来重构产品与用户的连接。

场景具有链接思维,不管是线上还是线下场景,加入链接后可以让场景充满变化更加立体,同时还能够带来更多的市场机遇。例如,阿里链接的是人和商品形成电商场景,腾讯链接的是人和人形成社交场景,百度链接的是人和信息形成搜索场景,而外卖链接的则是人与食物形成在家或在公司吃饭的场景。

例如,针对骑手在午餐外卖高峰后的休息场景,"熊猫星厨"开启了"外卖员包养计划",如图10-9所示,不但解决了骑手就餐困难、缺少休息场所等痛点,同时还能让

图10-9 "外卖员包养计划"

餐厅闲置资源得到充分利用。

因此，在策划外卖营销时，也可以利用场景思维，挖掘类似的特殊场景，为消费者提供专属服务，加强彼此的连接。

10.2.8　H5创意：4个原则打造更好营销效果

H5是随着移动互联网兴起而出现的一种新型营销工具，具有娱乐化、社会化、互动性强等特点。而且，H5营销中企业的支出主要是H5页面的设计成本和维护成本，整体的开发成本较低。因此不少外卖企业都选择运用H5场景进行营销。

饿了么平台在活动运营方面可谓花样百出，如"翻牌有礼"的H5活动就极具趣味性。消费者可以随机选择一张"请翻牌"，就能参与到"翻牌抽奖"的活动中，而参与活动的唯一要求就是消费者有足够的饿了么金币，但金币的获得主要依靠平时的消费点单，这就在很大程度上鼓励消费者进行积极消费。

外卖企业在进行H5营销时，只有了解了H5营销的基本原则，才能达到好的H5营销效果。下面以图解的形式介绍H5营销的基本原则，如图10-10所示。

图10-10　H5营销的基本原则

10.3　线上活动引流：有效刺激消费者消费

在外卖业所有的营销案例中，通过活动进行营销是必不可少的方式，它能有效刺激消费者的消费行为，提高店铺的人气。本节主要介绍9大平台活动，帮助商家轻松实现店铺销量翻倍。

10.3.1　满减活动：大大提高用户客单价

满减活动是指当用户达到一定消费金额时，可以享受减免部分金额的优惠。满减活动能够起到吸引用户下单、提高消费金额和客单价的作用。

在幅度较大的满减促销活动中，虽然消费者到最后并没有真的省那么多钱，却总能让消费者动心。这就是促销活动最大的魅力所在。

然而有些商家满减力度大但没有单量，有些商家单量很多却赚不到钱，这都是由于商家没有掌握正确的活动运营技巧造成的。下面介绍设置满减活动的相关技巧，如图10-11所示。

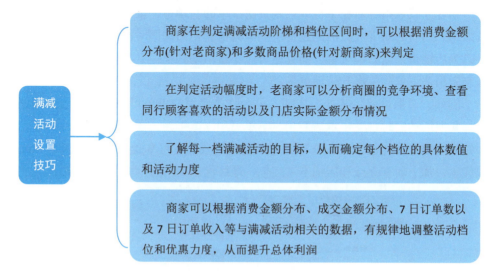

图10-11 满减活动的设置技巧

10.3.2 商家代金券：吸引消费者消费

代金券是外卖店铺常用的营销手段，也就是商家给部分用户发放一些可以在特定条件下抵扣部分消费金额的证券。

美团外卖和饿了么等外卖平台都提供了3种代金券形式。

(1) 进店领券：商家可以针对部分人群发放，如新客或者新老客通用，并设置合适的发放渠道(如天降红包、微信红包等)和优惠金额，从而实现提升曝光量、访问量和下单率的目的。

(2) 下单返券：即用户下单后赠送代金券，具有投放资源可控性、封闭性和针对性等特征。外卖商家采用高门槛返券、高门槛用券的形式，可以有效提高那些高客单价用户的复购率。

(3) 定向发券：即向指定顾客赠送代金券，如差评顾客、高消费熟客、粉丝顾客、轻度流失顾客、熟客以及自定义人群等类型，商家可以根据店铺的实际情况来发放代金券，实现精准营销。

例如，某店铺就设置了3种金额的代金券，其中1元代金券（满5元可用）主要针对粉丝顾客（即收藏店铺的顾客），8元代金券（满155元可用）主要针对熟客，60元代金券（满500元可用）主要针对高消费熟客。

10.3.3 新客立减：为店铺带来新用户

新客立减是指针对在平台或店铺首次下单的新顾客，推出的无门槛条件的立减活动。门店的新客立减活动通常可以与其他营销活动同时推出。新客立减活动可以为店铺带来新的消费者，而且还可以丰富活动种类提升店铺排名，同时还能够刺激用户下单购买提升店铺单量。

例如，"粥员外"某外卖店铺，平台收单新用户下单可用立减17元，但不能与其他活动同时享受；本店新用户下单可用立减1元，同时还能参与满减活动和领取店铺专享红包。点一份原价为40.8元的餐品，可享受"满40减25"的满减优惠，加上新客立减和店铺专享红包，最终优惠29元，如图10-12所示。

图 10-12　新客立减搭配满减活动和店铺专用红包

该店铺的满减活动力度较大，因此新客立减活动的力度可以相应调小一些，同时还可以搭配各种红包，更容易吸引客户流量，从而不断提升门店的新用户数。

10.3.4 满赠活动：增加消费者的好感

在店铺订单量非常稳定的情况下，如果想要提升营业额，则只能通过提升客单价来实现，而满赠活动就是能够有效提高客单价的引流工具。满赠活动是指当顾客消费达到一定金额时，便可以获得相应的赠品，从而增加消费者对于商家的好感度。

在美团外卖和饿了么平台上，当商家设置好满赠活动后，顾客可以在门店外部看到"满赠"或"赠"的字样标示；当顾客进入店铺后，还可以看到更为清晰的满赠活动信息。例如，在"饿了么"APP的"匠心粥铺"某外卖店铺中，就采用了"满80元赠送美味小菜1份"的活动方案，如图10-13所示。顾客如果在接近标准时会凑单来参与活动，从而提升店铺的客单价和营业额。

图 10-13　满赠活动的展示位置

下面介绍满赠活动的赠品设置技巧，如图10-14所示。

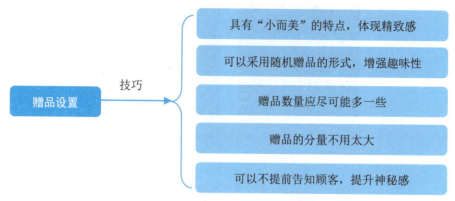

图 10-14　满赠活动的赠品设置技巧

10.3.5　折扣商品：短期内提升交易额

在外卖市场的营销方式中，大量同质化的营销方式，各种大额满减充斥市场，而折扣营销则日渐式微，慢慢淡出了主流营销方式。折扣商品主要是通过特价促销的方式，在短期内实现提升店铺交易额、扩大品牌口碑、增加品牌认知度的目的。

一般来说，与满减活动相比，折扣商品的优势如图10-15所示。

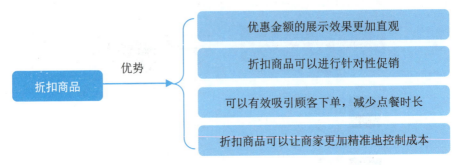

图10-15　折扣商品的优势

在设置商品的折扣力度时，通常要大于或等于满减的力度。另外，建议不要在原来的商品上直接设置折扣，可以另外建立一个新商品设置折扣，这样可以形成强烈的价格对比，而且消费者也可以根据需要自由选择参与哪种活动。例如，某店铺中，点一份原价为39.9元的3.98折菜品加上包装费1元，再减去"本店新用户立减"1元，用户需要付15.9元；同样原价的满减商品，需要支付"39.9-23+1-1=16.9"，因此算下来折扣商品要大于满减活动的优惠力度，如图10-16所示。

图10-16　折扣商品大于满减活动的优惠力度

折扣菜的种类应丰富，同时还可以根据店铺的历史订单记录和满减力度，推出对应价格和优惠的各种套餐活动，满足用户的不同需求。

10.3.6 买赠活动：增加进店和下单机会

通常，店铺转化率包括访问转化率和下单转化率两类，它们都会对店铺下单量和营业额产生很大的影响。那么，商家该如何提升店铺转化率呢？买赠活动就是提升店铺转化率的必备引流工具。

在美团外卖平台上，当商家设置好买赠活动后，消费者可以在"筛选"时选中"买赠"标签找到该店铺。当消费者进入店铺后，还可以看到清晰的买赠活动信息。例如，在"津点外卖"店铺中，就采用了买赠活动方案，提示顾客购买指定商品有赠品，如图10-17所示。消费者还可以在该店铺的品类菜单中找到"买赠"菜单，点击后即可看到参与买赠活动的餐品，如买"香干回锅肉煲"1份就能获赠1份汇源品牌饮料，如图10-18所示。通过买赠活动，可以为店铺导流，增加消费者进店和下单的机会，极大地提升转化率。

图 10-17 买赠活动的信息展示

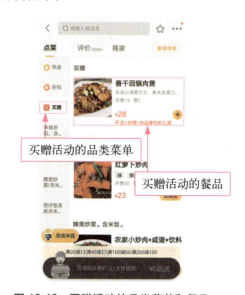

图 10-18 买赠活动的品类菜单和餐品

10.3.7 提前下单优惠：缓解高峰出餐压力

提前下单优惠是指顾客可以在店铺闲时提前下单，获得一定的优惠金额，同时店铺能够提早作准备，缓解订餐高峰时的出餐和配送压力。

在美团外卖平台上,当商家设置好提前下单优惠活动后,消费者可以在门店外部看到"闲时优惠"的字样标示,当顾客进入店铺后,还可以看到更为清晰的提前下单优惠活动信息。例如,在"亿口香龙虾总店"外卖店铺中,就采用了提前下单优惠活动方案,对于 16:00～19:00 这个时间段下单的消费者,可以获得下单多减 5 元的优惠,如图 10-19 所示。

图 10-19　提前下单优惠信息展示

10.3.8　第二份半价:让商家利润最大化

第二份半价活动可以拉动消费,提升外卖店铺的单品销量,同时商家还可以借机推出新品,或者帮助店铺推销特例单品和消化库存原料。第二份半价活动不仅可以制造噱头,而且还能让商家利润最大化。

例如,在"圆果果水果"某外卖店铺中,就采用了第二份半价活动方案,活动展示位置如图 10-20 所示。在该店铺的品类菜单中可以找到"第二份半价"菜单,点击后即可看到参与第二份半价活动的所有餐品,如图 10-21 所示。商品数量建议不要太多。例如,只选择一份"小缤纷切"时价格为 13 元,当增加一份时,价格变为 19.5 元,也就是说第二份只算了半价 6.5 元。第二份半价活动非常适合那些利润较高但平常点单量不大的产品。

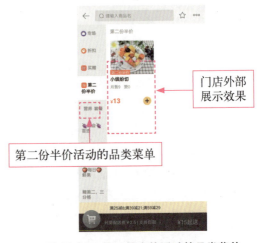

图 10-20　第二份半价活动的展示位置　　　图 10-21　第二份半价活动的品类菜单

10.3.9 活动搭配：找准不同阶段目标

很多商家在运营外卖店铺时，对自己目前的阶段营销定位不是很精准，不知道该如何进行活动引流。因此，商家一定要针对自己所在的阶段策划和搭配各种活动组合，如图 10-22 所示，实现店铺效益最大化。

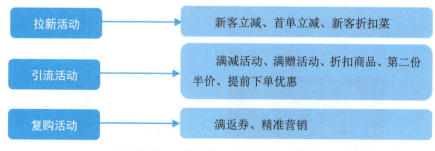

图 10-22　不同阶段目标的活动搭配技巧

10.4　线下有效引流：3 种方法提升店铺销量

外卖店铺的线下引流方式主要包括线下物料、地推以及异业合作等方法，下面分别进行介绍。

10.4.1　线下物料：3 种方式加大曝光量

一般来说，线下物料包括基础物料、个性化物料以及外送物料等，具体内容如图 10-23 所示。

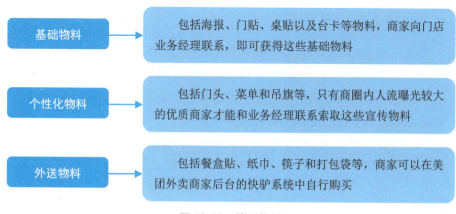

图 10-23　线下物料

10.4.2 地推：传统的吸引用户关注方式

地推是一种比较传统的营销方式，主要通过各种形式实现品牌的线下地面推广，如发传单、发优惠券、做地铁广告以及做活动等，吸引用户关注。

地推的缺点是成本高，而且比较耗时，但地推可以与消费者实现面对面交流，广告效果更加真实且精准。例如，夏季人们都不愿意出门吃饭，"大龙燚"发现火锅外卖的订单量上涨，便选择在店铺周边的小区投放了道闸广告和电梯楼宇广告，抓住当下的消费痛点，当月销量提升了20%，如图10-24所示。

图 10-24 "大龙燚"的电梯广告

10.4.3 异业合作：增强餐饮商家竞争力

"异业"就是指不同的行业，异业合作则是指不同行业之间的多个企业进行跨界合作，共享彼此的营销资源，实现提高效率、降低成本、增强市场竞争力的目的。比较适合外卖商家进行异业合作的商家包括电影院、大型商场、饮料供应商、娱乐场所以及其他本地知名品类商家等。

例如，"炒FUN"和电影城合作推出集体看电影活动，通过微信朋友圈，用户成功点赞的第5位和第25位，分别免费获得电影票一张。

第 11 章

提升体验和评价：才能赢得持续消费

学前提示

外卖从根本上来说也属于服务行业，而但凡是服务行业，就得重视用户体验。这主要是因为一家店铺要想让消费者在自己店铺持续消费，首先得让消费者买得舒服。那么，商家如何为消费者营造极致体验，获得消费者好评呢？本章将从4个方面来进行分析。

- 重视用户主观感受：店铺获得持续购买力
- 线上满足各种需求：为获得好评提供依据
- 把握好售后服务：让消费者为店铺加分
- 找到4个要点策略：针对性地提升好评

11.1 重视用户主观感受：店铺获得持续购买力

用户体验，简单的理解就是用户在使用产品或享受服务的过程中，获得的主观感受。我们都知道，主观感受对一个人的影响是深远持久的，一旦主观感受形成，将很难发生改变。

消费者在购物过程中形成的主观感受也是如此。如果消费者在第一次购物过程中形成的是良好的主观感受，那么，当下次有相同需求时，消费者便会再次光顾。反之，如果第一次购物的主观感受是糟糕的，消费者就会觉得再次消费肯定也是糟糕的。所以，为了避免糟糕体验再次出现，消费者会拒绝再次消费。

因此，商家一定要从消费者的角度思考问题，尽最大可能为消费者创造良好的购物体验。毕竟，对于从事服务业的商家来说，目标用户的主观感受重于一切。要想让店铺获得持续的发展动力，就必须重视用户的主观感受。

11.1.1 3种基本类型，从来源上提升用户体验

总的来说，根据体验来源的不同，用户体验大致可以分为3种类型，即感官体验、情感体验和文化体验。下面就对这3种体验分别进行解读。

1. 感官体验：决定消费者的第一印象

感官体验，即通过视觉、听觉、味觉、触觉和嗅觉等感官形成的直观感受。比如，当吃到柠檬时，我们会觉得酸；听到欢快的音乐时，我们会觉得心情愉悦。这些就属于感官体验。

在消费者购物的过程中，感官体验往往能够直接在消费者心中留下第一印象。比如，当消费者第一次在外卖店铺中购买的菜品没有炒熟时，消费者会觉得下次再买，可能菜还是没有炒熟。因此，为了避免不好的购物体验再次出现，消费者一般不会再次进店消费。

那么，商家如何为消费者提供良好的感官体验呢？其中一种比较好的方法就是站在消费者的角度，对菜品进行审视，并在对不足之处进行修改和完善之后，建立一个标准化的生产过程，保证菜品的质量，从而让消费者可以形成更好的感官体验。

2. 情感体验：获得营销成功的关键点

情感体验，顾名思义，就是通过情感形成的一种购物体验。人都是感情动物，大多数营销之所以能够取得成功，其中关键的一点就是，营销过程中有一些点可

以触动消费者的情感。

比如，当消费者在订单上填写备注信息时，商家通过满足其需求，便可以让消费者获得良好的情感体验。图 11-1 所示为商家根据消费者的要求，绘制的小天使桥本环奈。可以想象，当消费者收到该画像之后，会或多或少地被感动，而这样一来，商家便为消费者创造了良好的情感体验。

图 11-1　商家根据消费者需求绘制的桥本环奈画像

3．文化体验：让消费者感受品牌形象

文化体验是消费者通过商家的品牌文化获得的一种体验。比如，星巴克咖啡的品牌文化就是围绕人和知识，为消费者创造良好的食用体验。因此，即便星巴克咖啡的价格并不是很贵，但是，消费者在食用时会感觉有点"小资"。

当然，品牌文化是长期经营的结果，商家如果想在消费者心中留下良好的文化体验，还得注重平时的运营和品牌的塑造。因为消费者对于品牌文化的感受也是比较主观的，它取决于商家呈现给消费者的品牌形象。

11.1.2　8 个体验构成，做好相关的板块设置

用户体验是由消费者的主观感受和商家提供的产品及服务共同决定的。也就是说，如果将用户体验比作是用户对购物体验打分的话，那么，总分可能是由多个方面共同构成的。

一般来说，外卖的用户体验主要由 8 个方面决定，即安全、价格、视觉、服务、实用、情感、个性和环保。所以，商家如果想提高用户的体验分，可以重点从这 8 个方面努力，为消费者营造更好的购物体验。

比如，从安全的角度考虑，商家可以在店铺中设置特定的板块，对食材进行说明，让消费者觉得你的食材安全有保障，从而增加对店铺的好感度。图 11-2 所示为某店铺中"放心食材"板块的相关界面。当消费者看到该板块时，往往会觉得该店铺的食材更有保障，这样一来，消费者对店铺的评分自然会有所提升。

图 11-2 "放心食材"板块的相关界面

11.1.3 4 种变化趋势，看清用户体验努力方向

要想将用户体验做到极致，就得先明白用户想要的是怎样的体验。而随着外卖行业的发展和消费者消费习惯的变化，用户想要的体验也是不断变化的。所以，商家要营造极致体验，就要分析用户体验的变化趋势，针对性地营造用户体验。具体来说，用户体验的变化主要有 4 大趋势，具体如下。

1. 加快送餐速度，降低时间成本

消费者为什么要订外卖？可能有的消费者是因为自己不会做饭，或者懒得自己做饭，所以点外卖填饱肚子。有的消费者可能觉得外卖的价格比较便宜，所以选择点外卖。除了这两个原因之外，更多的消费者之所以会选择点外卖，可能是因为点外卖能够更快地吃到餐点。

而对于希望更快吃到餐点的消费者来说，送餐的速度就成了关注的重点。在这一类消费者看来，电话外花费的时间成本就成了评判店铺的关键。如果送餐严

重超时，那么即便味道再好，消费者可能也会给差评。

图11-3所示为部分消费者的评价。从图中可以看到不少消费者给了好评，而评价的理由通常都是"准时""快"。由此不难看出送餐速度对用户体验的影响之大。

2. 注重个性消费，让用户选择你

正是因为外卖的选择空间大，再加上消费习惯的转变，消费者在订外卖时变得越来越注重个性。对于一些消费者来说，订外卖不只是为了填饱肚子，更是吃到自己想吃的东西。甚至于对一些饭量小的消费者来说，外卖的分量没关系，关键是看着有个性，吃着味道还不错。

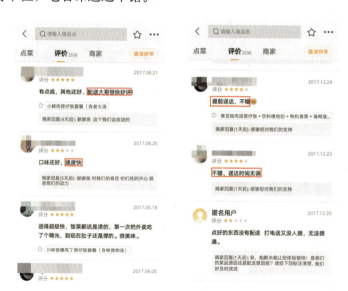

图11-3 部分消费者的评价

比如，消费者可能想吃韩式的烤肉，那么，他（她）可能会直接搜索"韩式烤肉"。所以，如果商家提供的烧肉不是韩式的，即便味道和订单数量都不错，消费者也不会多看你的店铺一眼，甚至于因为你的店铺中没有"韩式"这两个字，连出现在消费者眼中的机会也没有。

所以，商家在营造用户体验的过程中，还得从消费者的个性需求出发，为消费者提供个性化的菜品和服务。这一方面需要对消费者的需求做出分析，准确把握消费者的个性需求；另一方面也需要根据个性需求，提供可以满足需求的菜品和服务，让消费者的消费个性得以满足。

3．留下联系方式，提供互动渠道

从事外卖行业时间比较长的商家可能会发现这样的情况，一部分消费者会在点餐时进行一些备注。这些备注有的可能是对口味提出的要求，除此之外，也有一些其他的要求。

比如，有的消费者会在订单备注中表示心情不好，请求商家画个老虎、小猪佩奇之类的安慰一下。其实这类人之所以会这么做，就是希望通过订外卖满足互动交流的渴望。

对此，商家可以通过一定的举措，满足消费者互动交流的需求。当然，订单备注和评论板块，或多或少都能起到满足消费者互动交流的需求。其实，除此之外，商家在满足消费者互动交流方面还可以做更多努力。

比如，可以在外卖店铺中留下联系方式，为消费者的互动交流提供一个更加便利的渠道。图11-4所示为"饿了么"APP中"商家"板块的相关页面，可以看到在该板块中便设置了"商家电话"一栏。

图11-4 "商家"板块的相关页面

4．基于情感共鸣，吸引更多消费者

随着外卖行业的发展，消费者点外卖时开始有了越来越多的选择，而对于没点过外卖或点外卖比较少的消费者来说，在点外卖时除了看评分、订单数量等硬

性指标之外,还有一个因素对最终的决定影响比较大,那就是店铺给他(她)的感觉。这个感觉,可以说是眼缘,也可以说是店铺对消费者的情感触动程度。虽然大部分消费者与商家是完全陌生的,但是,消费者对于能够获得情感共鸣的商家往往会多一份信任。

图11-5所示为两个寿司店的相关公告内容。可以看到,第一个店铺的公告中重点说明该小吃店寿司产品的品质——"现点现做,味道更鲜",以及价格上的实惠;而第二个店铺的公告中只是笼统地说"新店开业,全城钜惠"和"做好每一份外卖"等。如果你是一个消费者,哪个店铺的介绍更能打动你呢?

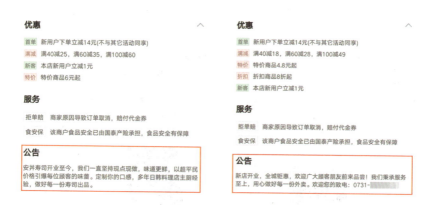

图11-5 两个寿司店的相关公告内容

11.2 线上满足各种需求:为获得好评提供依据

对于外卖商家来说,线上可以说是营销的主战场。也就是说,一家店铺的经营情况如何,关键还得看线上的运营。那么,商家怎样通过线上运营将用户体验做到极致呢?笔者认为其中的关键就在于满足用户的各种合理需求,为消费者给好评提供一个甚至几个有力的理由。

11.2.1 线上接待,要尽可能微笑以对

正因为外卖商家的主战场在线上,所以,线上接待就显得更为重要了。对于线上接待,商家需要明白的一点是,消费者是你的服务对象,或者说是你的衣食父母。因此,在接待消费者的过程中,一定要努力营造愉悦的沟通氛围,即便消费者的态度不是太好,也应该尽可能地微笑服务。

当然,对于不同类型的消费者,在接待时采取的对策也有所不同。接下来,

就来分别进行解读。

1. 态度好的消费者：要回馈善意

态度比较好的消费者，通常会更多地想到商家的不易，在沟通的过程中更多地传达出的是善意。有时候即便店铺的综合分只有 3 颗星，这部分消费者也会给店铺打出 4 颗星，甚至 5 颗星的评价。

对于这一类消费者，商家需要做的就是在接受善意的同时，回馈善意。比如，当消费者用 5 星好评给出肯定时，商家要及时回复，一方面要接受善意，并表示感谢，另一方面也要表达继续努力改进的态度。图 11-6 所示为部分商家的评价页面。

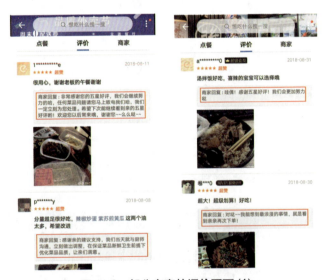

图 11-6　部分商家的评价页面 (1)

从图 11-6 中可以看到页面中消费者给的都是 5 星好评，而且言语间显露的都是赞美。无论是店铺真的做得好，还是消费者有意赞扬，消费者这么做传达的都是善意。而商家的回复也集中在感谢和继续努力上。可以说这两位商家的沟通方法非常正确。

2. 态度差的消费者：要获取原谅

对于商家来说，碰到态度好的消费者自然是一件幸运的事。然而事实却是，并非所有的消费者都那么和善。由于种种原因，部分消费者在沟通的过程中，态度可能比较差。

比如，消费者用餐时如果心情不好，就会觉得饭菜口味达不到要求。在这种情况下，可能商家的综合评分是 3 星，而消费者在评分时可能只会给 2 星，甚至是 1 星。

当然，对商家来说，消费者给差评是怎么也高兴不起来的。但是，消费者毕竟是你的服务对象，你可以心里不爽，却不能表现得过于明显。因为如果你争辩，不但不能解决问题，反而会让事情变得更糟。

此时，正确的做法应该是承认自身的不足，并在为存在的问题向消费者道歉的同时，表示以后一定会改正和改进。因为有时候消费者给差评也不一定是真的差，而当商家态度良好时，消费者可能会觉得商家值得被原谅，甚至在下次有需求时，还会来光顾。

图 11-7 所示为部分商家的评价页面。

图 11-7　部分商家的评价页面 (2)

从图 11-7 中可以看到，页面中消费者给出的都是差评，并且都给出了充足的理由。而商家在回复时也都是主动道歉，表示以后会改进，可以说这些商家对待差评还能为消费者创造良好的沟通氛围的这种服务态度，是值得所有外卖商家学习的。

11.2.2　预订餐点，享受更便捷的消费

线下实体店铺中，预订功能主要是为消费者提供一个排队的渠道。通过预订，

消费者可以提前定好位置,从而避免店铺火爆时,需要等待的时间过长。当然,外卖预订功能也能让消费者排到更好的位置。但更关键的是,消费者可以先点好菜品和定好送达时间,从而享受更加便捷的消费场景。

比如,在"饿了么"APP中,如果店铺正常营业的时间还没到,便会在"外卖"页面中显示"预订中 ××:×× 配送"的字样,如图11-8所示。而消费者进入这一类店铺之后,在店铺"点餐"页面的上方便会显示"接受预订中 ××:×× 开始配送",如图11-9所示。

图11-8 "外卖"页面

图11-9 某店铺"点餐"页面

与线下实体店相比,外卖预订的优势就在于可以直接下单,虽然这样做等待的时间比平时点外卖可能要长一些,但是可以先做好菜品的选择,并支付相应的金额,选择送达的时间。

比如,当消费者在接受预订的店铺中点好餐点之后,点击"确认支付"按钮,并不会立即弹出支付对话框,而是弹出"温馨提示"对话框,提示消费者选择送达的时间,如图11-10所示。

消费者点击"温馨提示"对话框中的"知道了"按钮之后,便会返回订单页面。消费者只需点击"选择预订送达时间"按钮,便可以在弹出的窗格中选择预订送达时间,如图11-11所示。

选择完成,并支付对应金额之后,消费者便可完成餐点预订工作。而商家也会根据消费者的预订信息,将餐点按照时间送达。这样一来,预订功能结合在线支付功能,便为消费者提供一个十分便利的消费场景。

图 11-10　弹出"温馨提示"对话框

图 11-11　选择预订送达时间

11.2.3　亲切称呼，拉近与消费者的距离

对于消费者来说，虽然他(她)和商家之间是买卖关系，但是他(她)也会希望双方不止停留在买卖上，而应该多一分情感。毕竟人都是感情动物，如果商家表现得太过功利，很可能会引起消费者的不满。

对此，商家可以通过一定的语言表达技巧，如"亲"等亲切的称呼，拉近与消费者的心理距离，营造舒适的沟通氛围。图 11-12 所示为部分店铺的评价页面，可以看到很多商家在称呼消费者时用的称呼就是"亲"。

图 11-12　部分店铺的评价页面 (3)

不同的称呼带给消费者的感受往往是不同的,同样是对消费者的称呼,"您"显得庄重,而"亲"则更让人亲切。除了"您"和"亲"之外,商家还可以根据消费者的类别,给出其他的称呼。比如,对于一些年轻的消费者,可以用"宝宝"这种网络称呼,更好地拉近彼此的距离,消除消费者的不适感。

11.3 把握好售后服务:让消费者为店铺加分

虽然商家最重要的就是将东西卖出去,但是,商家必须明白一点,你要做的不是"一锤子买卖",而是要获得忠实的消费者,让他(她)为店铺的发展提供长足的动力。

所以,除了将商品卖出去之外,商家还需要把握好售后环节。这主要是因为售后服务直接与用户的体验相关,而且会直接影响用户对店铺的感官。一次好的售后服务,会在消费者心中为店铺加分不少,而店铺在消费者心中的分数越高,消费者成为回头客的可能性也就越大。

11.3.1 从 3 种情况出发,端正服务态度

无论是在什么样的情况下,商家都应该以服务者的身份与消费者沟通,端正自身的态度。那么,商家如何端正态度,提升用户的好感度呢?下面分别从 3 种情况进行说明。

1. 被消费者表扬,必然要感谢

虽然很多时候商家能够被消费者表扬,更多的是因为商家自身为消费者提供了比较好的购物体验。但是,作为商家,你不能觉得消费者表扬你是理所当然的,毕竟,对店铺的评价权始终在消费者手中,更何况消费者光顾了你的店铺,这本身就值得感谢。

商家在与消费者沟通的过程中,需要明确的一点就是,消费者与你沟通,并表扬你的店铺时,说明他(她)对你的店铺有好感。但是,如果你没有表示感谢,或者连回复都没有,消费者就觉得自己是在"用热脸贴冷屁股",在这种想法的引导下,消费者对店铺的好感度也会随之下降。

2. 消费者提出不足,就勇敢承认

因为每个消费者的口味都不相同,所以,商家做的菜品不可能让每个消费者都满意。再加上商家在服务的过程中,可能也会存在一些失误。因此,对于不足的地方,特别是责任在自身的不足,商家就应该勇敢地承认不足,并向消费者表

达歉意，让消费者看到你的态度。

3．造成了损失，就积极承担责任

当商家的服务过程中存在不足时，有时候就会给消费者造成经济损失。对于这种情况，商家应该做的是，积极承担自身的责任，并给消费者做出应有的补偿。

买卖实际上就是物品间的等价交换，而因为商家的问题，让消费者出现损失时，双方间的买卖便变得不再等价了。而一个有良心的商家，此时就需要做出合理的补偿，这既是商家的义务，也是提高消费者好感度的一种有效方法。

图 11-13 所示为部分店铺的评价页面。可以看到其中有部分消费者反映，少了一些东西。这种情况的出现，显然是商家在为消费者服务的过程中，自身存在的不足造成的。

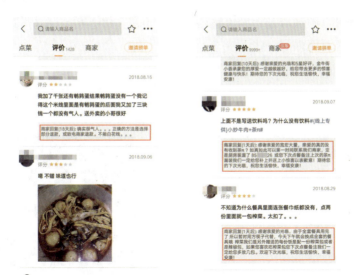

图 11-13 部分店铺的评价页面 (4)

因此，在看到消费者反映此类信息时，商家一定要在向消费者表达歉意的同时，承诺做出合理的补偿。毕竟，消费者的损失，是由商家造成的。而值得欣慰的是，大多数商家显然都明白这一点，图 11-13 中的两位商家便在回复中表示会给消费者做出补偿。

11.3.2　从提供惊喜着手，提升消费者好感

每个人都喜欢惊喜，消费者也不例外。当商家能够给消费者一些惊喜，特别是消费者喜欢的惊喜时，消费者就会觉得你很重视他（她）。在这种情况下，消

费者对商家的好感度自然而然地就会大幅增加。而伴随着好感的增加，消费者再次消费的可能性也将随之而提高。

其实，如果商家仔细分析就会发现，大部分消费者都是比较容易满足的，或者说是有一点贪小便宜的。通过附赠惊喜，消费者的获得感会有所增加，甚至于部分消费者在看到附赠的东西时，还会觉得自己赚了。

当然，在附赠惊喜的过程中，商家还是需要把握成本，通过薄利多销谋求双赢的局面。一方面，商家可以通过附赠惊喜，提高消费者的好感度；另一方面，商家也不能做亏本买卖，所以，在选择附赠的惊喜时，还需重点考虑成本的控制。

那么，商家到底应该怎样为消费者附赠惊喜呢？笔者认为主要有两种方法可以考虑。一种是在点餐页面设置与赠品相关的板块，为关注店铺的消费者赠送一定的物品，如图 11-14 所示。

商家也可以不在店铺中设置赠品信息，而是直接送赠品，这样做带给消费者的惊喜通常还要更强烈一些。

另一种是商家通过向消费者发放红包的方式，更直接地带给消费者惊喜，如图 11-15 所示。因为红包是随机的，所以消费者在这种不确定中往往可以获得更多惊喜。

图 11-14　在店铺中设置赠品板块

图 11-15　向消费者发放红包

11.3.3 进行礼貌道别，做好沟通后期工作

售后服务的重点和关键就在于和消费者进行沟通。为了给消费者留下良好的印象，店铺的客服人员还得学习一些必要的沟通技巧。另外，需要特别注意的是，客服人员对整个沟通过程都要足够重视，特别是沟通即将结束时，一定要和消费者进行礼貌道别。

然而，事实却是，很多店铺的客服人员往往把沟通的重心放在前期和中期，而忽略了后期和消费者进行礼貌道别。这样做的坏处就在于，会让消费者觉得你不够重视他（她），甚至会觉得客服人员的服务水平有待提高。而这样一来，就会影响消费者的整个购物体验。

当然，除了重视礼貌道别之外，客服人员在与消费者道别时还需掌握一定的技巧，营造良好的沟通氛围。通常来说，客服人员需要做好如下两方面的工作。

1．用祝福语表达商家的祝愿

无论是谁，在面对他人的祝福时都是高兴的。对于客服人员来说，祝福可能只是顺带的事，但是在消费者听来却很受用。

当然，在祝福时还得注意对象。如果客服人员不知道消费者的具体情况，可以用一些通用的祝福语表达自己的祝愿，如"工作顺利""财源广进""万事如意""笑口常开"等。

2．发出再次光顾店铺的邀请

毕竟，客服人员是为店铺服务的，所以，除了祝福之外，客服人员还需要在道别时，对消费者发出再次光顾店铺的邀请，为店铺营销出一分力。当然，为了避免看起来太过直接，客服人员也可以在发出邀请时进行一些说明。

比如，客服人员可以说，感谢消费者对店铺的关注，其反馈的信息对店铺工作的改进非常有意义，希望消费者经常光顾店铺，对店铺的相关工作提出批评和建议。

11.4 找到4个要点策略：针对性地提升好评

商家之所以重视店铺的口碑建设，主要有两个原因：首先，口碑的好坏代表的是消费者对店铺菜品的认可程度；其次，消费者在点外卖时会将口碑作为重要的参考依据。一个高口碑的店铺，往往更容易被消费者选择。

因此，商家为了让店铺获得更多订单，还得努力提升好评。当然，在提升好评的过程中，先得找到要点，针对性地提升好评。通常来说，提升好评主要有4个要点，下面进行分析。

11.4.1 进行精准定位，找到可打动消费者的点

在研究好评提升的方法之前，首先需要先明白一点，那就是好评都出自消费者之手，商家能做的只是提供更好的产品和服务，增加消费者给好评的意愿。而在消费者看来，每个人心里都有一杆秤，只有店铺的产品和服务达到了心理的预期，消费者才会心甘情愿地给好评。

而要让店铺的产品达到消费者的心理预期，首先得对产品进行精准定位，找到可以打动消费者的点。当然，产品定位的方向有很多，商家只需根据市场需求和自身情况选择即可。在这里笔者选取两种产品定位进行重点说明，具体如下。

1. 价格定位：明确消费者心理承受价

每个消费者对外卖都有一定的心理承受价格，商家需要通过市场调研，明确主要消费群体的心理承受价格，然后，根据消费者的心理承受价格制定菜单，为消费者提供消费得起的菜品。

比如，像煲仔饭这种菜品，可能它的主要消费群体是普通白领和学生。而普通白领和学生一般不舍得把太多钱用在吃饭上，所以煲仔饭商家还得尽可能地提供物美价廉的菜品。只有这样，消费者才会来你的店铺消费，而只有消费了才有可能会给你好评。

2. 外观定位：用相对美观的方式呈现

现在越来越多的人开始重视颜值，甚至于连点外卖都要看菜品的"长相"。为了更好地满足这一部分消费者的需求，商家可以对菜品进行外观定位，用相对美观的方式将菜品呈现给消费者。

图11-16所示为某店铺的部分菜品。虽然只是简单的菜品，但是从商家提供的菜品图片来看，却是比较美观的。很显然，该店铺在菜品的外观定位方面做得就比较好。

图 11-16　某店铺的部分菜品

11.4.2　店铺消费与好评，要实现相互拉动与提升

从一定程度上来说，消费和好评是相辅相成的。一方面，只有消费者在店铺中消费了，店铺才有可能获得好评；另一方面，消费者在消费时会查看评价，而好评越多则越能带动消费。

1．只有用户消费了，商家才能得好评

俗话说得好："只有经历过，才有发言权。"各大外卖平台显然也很认同这一点，所以，只有在消费者下单完成的情况下，才可以对店铺进行评价。也就是说，店铺的好评是建立在消费的基础上的。

另外，商家要注意的是，在很多平台中，消费者评价完成之后，要等一段时间才会在商家的评价页面出现。这个时间长短需根据平台而定，快的可能评价完之后就会显示，慢的可能要等上 1 天左右的时间。因此，商家要密切关注消费者评价，以便及时回复和与消费者互动。

2．获取用户的好评，才可以带动消费

许多消费者在外卖下单之前，通常有一个习惯，那就是查看他人的评价，并将其作为一个参考依据。如果一个店铺的评分高、好评多，就说明其菜品和服务相对来说比较有保障。而评分低、好评少的店铺，则说明该店铺在菜品和服务方面做得还不够好。

图 11-17 所示为两个牛肉粉店的"评价"页面。可以看到，第一个店铺中，商家评分仅为 4.3 分，味道、包装和配送的评分均在 4 分以下。而第二个店铺的商家评分却高达 4.8 分，味道、包装和配送都在 4.5 分及以上。如果你要买牛肉粉，你会选择哪家店铺呢？

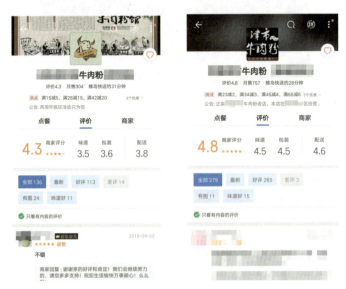

图 11-17 两个牛肉粉店的"评价"界面

11.4.3 洞悉 3 个关键点，提升用户体验和好评

一般，消费者会在消费之后做出评价，而评价的依据就是消费体验。也就是说，用户体验将直接决定店铺的好评度。因此，商家要想提高好评，就需要在用户体验上多下功夫。笔者认为，在通过营造用户体验提升店铺的好评中，商家需要明白如下 3 点。

1．体验与营销：后者更重要

许多商家认为，一个店铺最重要的就是获得订单，所以，为了获得更多订单，商家们都会费尽心思去做营销。有的商家为了更好地吸引消费者的目光，在宣传时可能会过于夸张，甚至进行虚假宣传。

图 11-18 和图 11-19 所示分别为商家店铺中展示的坛子菜炒鸡套餐图片和消费者收到该菜品之后拍摄的图片。虽然大家都知道买家秀和卖家秀之间是有差距的，但是，如果差距过大就会影响用户体验。

图 11-18 商家展示的图片　　　图 11-19 消费者拍摄的图片

对此,商家应该明白的是,为了吸引消费者购物,进行宣传是很有必要的,但是,却不能因为重视营销而忽略了用户体验的营造。毕竟,从消费者给评价的角度来看,用户体验比营销更重要。

2. 第一印象:成为评价关键

用户在给店铺评价时,通常是根据店铺给他(她)的感觉,而这个感觉通常又会受到第一印象的影响。如果第一印象是糟糕的,消费者很可能会形成一种固有印象。在这种情况下,即便店铺的服务各方面都还过得去,消费者可能也会挑剔地给差评。

所以,商家要尽可能地给消费者留下好的第一印象。比如,消费者第一次在店铺购物时,商家可以给消费者点的菜多加一些分量,这样就会在消费者心中留下店铺菜品物美价廉的第一印象。

3. 体验分:采取策略才会增加

用户体验的评分从根本上来说,是由店铺的服务给消费者的感觉决定的,只要商家能够找到一些触动消费者的点,消费者对店铺的体验分就会增加。而随着体验分的增加,商家获得好评的可能性也将提高。

对此,商家可以采取多种策略增加消费者的体验分。比如,可以在消费者订餐时,赠送一些物品,增加消费者的获得感。又如,可以通过提供个性化的菜品和服务,提高消费者的新奇感和愉悦感。

11.4.4 做好补救措施，原本的差评也能变好评

因为评分不仅是消费者对店铺评价的数字化体现，更对潜在消费者的下单起到引导性的作用，所以，评分对商家来说是非常重要的。每个商家都希望能够得到消费者的好评，然而事实却是，出于这样或那样的原因，总会有一些消费者给差评。

消费者给差评后，商家可以通过一些补救措施，来改变消费者的态度，让原本给你差评的消费者，也愿意重新给好评。

在这里需要特别说明的是，有时候虽然消费者愿意修改自己对外卖商家的评价，将差评改为好评，但是却因为不知道如何操作而放弃。对于这一部分消费者，商家需要做的就是告知其修改方法，让其顺利地修改差评。接下来，就以"饿了么"APP为例讲解在外卖平台上修改差评的方法。

步骤01 登录"饿了么"APP，❶点击下方的"订单"按钮，进入"订单"页面，❷点击需要修改评价的订单，如图11-20所示。执行操作后，进入"订单已送达"页面，在该页面中，❸点击"我的评价"一栏，如图11-21所示。

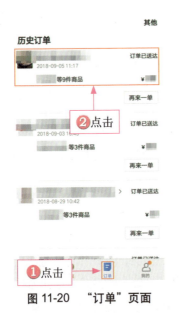
图11-20　"订单"页面

图11-21　"订单已送达"页面

步骤02 进入"我的评价"页面，❶点击页面下方的"修改评价"按钮，如图11-22所示。执行操作后，进入"修改评价"页面，如图11-23所示，在该页面中，❷修改评价内容，❸点击"保存修改"按钮。

步骤 03 执行操作后,页面中将弹出"是否提交修改"对话框,点击"提交"按钮,如图 11-24 所示。执行操作后,返回"我的评价"页面,如果显示的是修改后的评价,就说明评价修改成功了。

图 11-22　"我的评价"页面　　　　图 11-23　"修改评价"页面

图 11-24　弹出"是否提交修改"对话框

第 12 章

优化配送服务：4个方面实现多方共赢

> **学前提示** 物流配送是连接商家和消费者的重要渠道。而在外卖行业中，因为其特殊性——消费者通常希望在特定的时间段内获得餐点，所以，其对配送有着较高的要求。这也就要求外卖商家必须在配送环节多下功夫，提升用户满意度。

- 配送方式多样：条条大道确保营销额增长
- 配送技巧必知：达到更有效率的物流水准
- 配送服务优化：让用户更多地选择你
- 配送的快与准：助力决胜于外卖4.0时代

12.1 配送方式多样：条条大道确保营销额增长

配送是外卖行业中举足轻重的一个环节，但是很多商家却忽略了配送的重要性。本节就介绍各种配送方式的区别及优缺点，商家只有了解配送的知识，才能让外卖生意越做越好。

12.1.1 美团专送：管理正规化与派单人性化

美团专送是由美团官方的配送员负责配送，配送半径为3公里，营业时间为早上9点至晚上9点。其服务时效相对正规，能保障一定的接单率。简单来说，美团专送的骑手都是美团公司的内部员工，是由美团来进行管理的，且有规定的上下班时间。美团专送的收费模式、优点和缺点如图12-1所示。

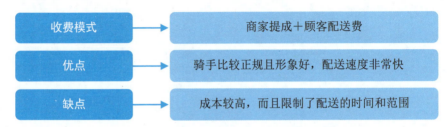

图12-1 美团专送的收费模式、优点和缺点分析

对于美团专送的骑手来说，其审核需要美团公司的内部人员向总公司提供入驻者的身份证和健康证。在配送时通常是由系统根据骑手的位置来派单，比较人性化。同时，开通美团专送服务的商家可获得排名加权和专属标志，如图12-2所示。

图12-2 美团专送的专属标志

12.1.2 美团众包：调动用户的盈余时间红利

美团众包是美团外卖的开放配送平台，通过众包的形式调动用户的盈余时间红利，帮助商家进行配送，配送范围为 5 公里左右。个人用户可以下载美团众包 APP 进行注册，美团众包没有时间限制和管理人员，如图 12-3 所示。

图 12-3　美团众包平台

美团众包主要以自身产品为核心，基于美团外卖的基础上推出物流配送服务，其收费模式、优点和缺点如图 12-4 所示。

图 12-4　美团众包的收费模式、优点和缺点分析

骑手在注册美团众包时需要验证身份证信息和上传健康证，同时还要进行培训。图 12-5 所示为线上培训的部分项目。当骑手接到订单后，会显示送达时间，如图 12-6 所示，必须在这个规定的时间内送到，同时还需要在 15 分钟内到店取餐，否则都会扣除一定比例的佣金。

> **专家提醒**
>
> 当遇到商家出餐慢的情况时，骑手可在美团众包 APP 中点击右上角的 ✉ 图标进行上报。如果骑手无法找到顾客的准确地址，可联系顾客进行咨询，也可点击"导航去顾客"按钮，根据导航的路线进行配送。

图 12-5　线上培训项目 　　　　　图 12-6　接单任务

当骑手完成配送任务后，即可在"已完成的任务"界面中查看收入，满 100 元后即可提现。除了外卖订单外，骑手还可以在美团众包上接跑腿代购任务，帮助用户购买一些周边产品或者帮助他们完成取送件服务。这种任务虽然难度更大，但酬劳也更高一些。

12.1.3　美团快送：可 24 小时营业的备用模式

美团快送是一种介于美团专送和美团众包之间的产物，主要用于预防美团专送代理商发生特殊情况无法提供服务时。作为备用的物流配送方式，其收费模式、优点和缺点如图 12-7 所示。

简单来说，美团快送就是采用兼职的骑手来完成配送，商家发单后，众包骑手可以抢单，而且可以 24 小时营业。这些骑手由美团城市经理进行管理，但他们不属于美团的正式员工。

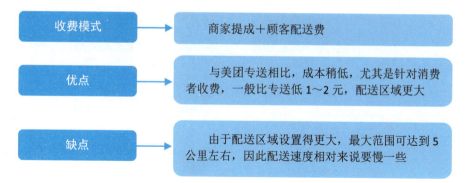

图 12-7　美团快送的收费模式、优点和缺点分析

上面介绍的 3 种配送方式是最常用的，其主要区别如表 12-1 所示。

表 12-1　美团专送、美团众包与美团快送的区别

配送服务	美团专送	美团众包	美团快送
成本费用	★★★★★ 相对较高	★★ 相对较低	★★★★ 相对较高
服务体验	★★★★★ 体验优秀	★★★★ 体验较优	★★★ 体验良好
配送速度	★★★★★ 配送员多，效率高	★★★ 配送效率较高	★★★★ 配送效率高

另外，商家还可以采用"专送+快送"混合送的配送形式，当美团专送的人员繁忙时，可以交由快送人员送餐。

12.1.4　蜂鸟专送："准时达"让配送更优质

蜂鸟专送是由饿了么平台自行组建的外卖配送队伍，对于配送速度和质量都提出了比较高的要求。提供"蜂鸟专送"服务的商家会显示相应的标志，如图 12-8 所示。

另外，蜂鸟专送还推出了"准时达"服务。除了预订单、夜间部分时段下单、恶劣天气（雨、雪等）等特殊情况，用户在带有"准时达"标签的商家下单，如果餐品送达时间超过承诺送达时间 10 分钟，系统将为用户赔付一个无门槛红包。每个用户每天最多赔付 3 个红包。

蜂鸟专送的收费模式、优点和缺点如图 12-9 所示。

图 12-8　提供"蜂鸟专送"服务的商家会显示相应的标志

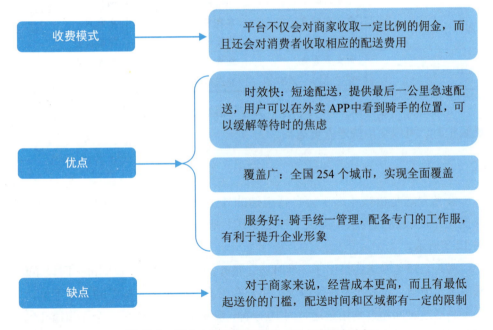

图 12-9　蜂鸟专送的收费模式、优点和缺点分析

饿了么同样推出了蜂鸟众包兼职平台。骑手可以通过 APP 抢订单赚薪金赢奖励。蜂鸟众包平台会不定时推出一些红包活动，骑手可以通过完成一定的单量来获得奖励。

12.1.5　跑腿公司：解决城市最后 100 米配送难题

为了迎合外卖市场的配送需求，解决城市最后 100 米配送难题，外卖市场上出现了很多主打同城物品配送业务的跑腿公司，如闪送、来啦跑腿、达达以及邻趣等。在此以来啦跑腿和点我达为例进行重点说明。

1．来啦跑腿：与外卖平台无缝对接

来啦跑腿可以与美团外卖和饿了么等平台实现无缝对接，当用户在外卖平台下单后，可以将订单同步复制到来啦跑腿的后台，商家即可通过该平台来安排配送。目前，该服务仅支持自配送商家，具体接入方法如下。

用户登录进入来啦后台的"客户管理"页面，在该页面填写完客户资料建立客户账号后，通过依次单击"更多设置"按钮和"美团合作链接"右侧的"点击绑定"按钮，即可完成从来啦平台到美团外卖登录页面的跳转，如图 12-10 所示。

图 12-10　从来啦平台跳转到美团外卖平台的设置

然后输入相应的美团账号和密码进行登录，进入美团外卖页面，在此显示美团外卖的商家店铺，用户也可以搜索店铺名称。在搜索结果中选择相应的店铺并进行绑定，对接后会将商家所有已接的订单复制到来啦，在来啦后台的"美团外卖"页面中，即可管理配送订单，如图 12-11 所示。

图 12-11　在"美团外卖"页面管理配送订单

2．点我达：致力于提供即时配送服务

点我达致力于为用户提供即时配送服务，虽然它只是一个第三方配送公司，但是配送员数量却已达 300 万。借助如此庞大的配送员数量，截至 2018 年，点我达的配送业务已经覆盖超过 300 个超市，其服务的商家超过 100 万，用户数量超过 1 亿。

点我达作为国内知名的跑腿公司，其实力是不容置疑的，但是，它毕竟是一个第三方平台，所以在一些方面仍不是足够便利。比如，在"饿了么"中点餐时，如果商家的餐点是由蜂鸟专送配送的，只要商家接单了，"饿了么"APP 中就会出现一张配送进度图，消费者可以看到骑手与自己之间的距离。而点我达是第三方平台，所以在"饿了么"APP 中，它不能享受该功能，取而代之的是骑手接单之后，会向消费者发送一些包含链接的短信，消费者点击链接便可查看送餐进度，如图 12-12 所示。

图 12-12　点我达向消费者发送的信息

12.1.6　商家自配送：品牌连锁商家的好选择

商家自配送是指由商家安排店内服务人员或者组建专门的配送团队，自行解决配送问题。这种配送方式适合规模较大的品牌连锁商家。例如，麦当劳和肯德基等大型品牌门店都采用商家自配送的方式，如图 12-13 所示。

商家自配送的成本与餐厅的订单量和客单价息息相关。如果餐厅的消费群体分布比较集中，订单量比较大而且非常稳定，同时客单价处于中等偏高水平的话，则可以有效降低商家自配送的成本。

商家自配送的优点和缺点如图 12-14 所示。

图 12-13 麦当劳和肯德基等大型品牌门店都采用商家自配送的方式

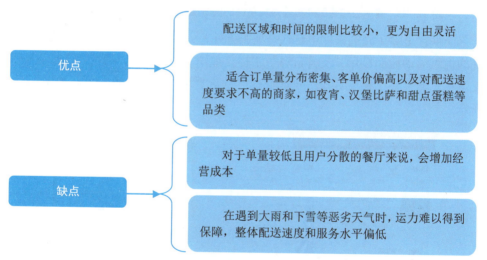

图 12-14 商家自配送的优点和缺点分析

12.1.7 到店自取：营造商家与消费者共赢局面

配送服务虽然能够给消费者带来方便，但是，消费者毕竟需要为此支付一定的费用。而且同一个骑手有时候需要同时送多份餐点，运送的时间也会相对较长。针对这种情况，饿了么和美团外卖等外卖平台便推出了"到店自取"服务，如图 12-15 所示。消费者选择平台上支持该服务的商家即可享受该服务。

 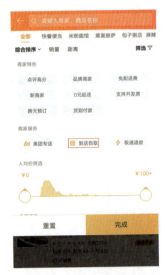

图 12-15　饿了么和美团外卖等外卖平台的筛选店铺页面的"到店自取"服务

而平台上除了筛选条件中有这一项服务外，一般支持该服务的商家还会在店铺的优惠活动后面显示"支持自取"字样，如图 12-16 所示。消费者选择这些商家下单，然后在"提交订单"页面选择"到店自取"配送方式即可，如图 12-17 所示。

图 12-16　显示"支持自取"字样　　　图 12-17　选择"到店自取"配送方式

到店自取的模式对于消费者来说主要有两个好处：一是可以省去一笔配送费；二是商家做好餐点之后，消费者可以随时到店领取，运送时间由消费者自己控制。

而对于商家来说，到店自取也可以为店铺省去一定的配送成本。因此，可以说，到店自取这种配送方式对于部分商家和消费者来说更利于营造共赢的局面。

12.2 配送技巧必知：达到更有效率的物流水准

外卖配送不只是将餐点送到消费者手中那么简单，它更是配送效率和服务质量的一种体现。在此过程中，商家和骑手如果能够懂得一些配送技巧，物流配送水准将会迅速提升，更上一个台阶。

12.2.1 3个方面，重点把握物流配送

如果将整个外卖服务比作一场马拉松，那么，配送就是这个旅行中的最后一公里，能直接影响最后的结果。如果最后一公里做不好，前面的努力很可能就白费了。所以，配送对于商家来说是非常关键的，商家一定要重点进行把握。具体来说，在配送餐点的过程中需要重点把握如下3点。

1. 注意安全为先，不要危险配单

虽然外卖骑手需要靠多送来提高自身的工资，但是骑手们在配送外卖的过程中，还是要以安全为先，不要拿自身的安危来冒险。对此，外卖小哥需要明白的一点是，当你在危险配单时，没有出现问题是你比较幸运，一旦出现问题，损失的就不仅仅是配送费那么简单了。

除了骑手自身之外，商家也要对骑手的安全多一分关注、多一分理解，特别是自配送的商家。因为自配送的商家，骑手很可能就是你的员工，如果你的员工因为身体原因无法工作，那么店铺的配送效率将会大幅降低。

2. 温柔对待外卖，保证质感与美观

每份外卖就像是一件作品，而对待一件作品就应该温柔一点。因为如果你不够小心，它的质感就会发生变化，一些原本看起来非常美观的外卖，由于商家和骑手不够小心，在送到消费者手中时可能会变得有碍观瞻。

笔者认为，温柔对待外卖主要是做好两方面的工作：一是轻拿轻放，确保不会让外卖的外包装出现变形等情况；二是平稳配送，在配送的过程中尽量不要出现摇晃、剧烈震荡等情况，避免外卖渗漏、外洒。

3．认真服务，拿出应有的服务态度

骑手在配送的过程中需要明白自身的责任。诚然，你的主要任务是将餐品完好地送到消费者手中。但是，除此之外，你还是一个服务者，你有必要让你的服务对象感受到你认真服务的态度。

当然，大多数骑手的服务态度都是比较好的，有的骑手即便是因为客观原因耽误了时间，也会尽量将餐点按时送达，如果超时了还会向消费者一再道歉。这一类骑手的服务态度是令人敬佩的。

但是，有的骑手在配送的过程中态度不好。比如，有的骑手面对消费者的催单恶语相向，还有部分骑手在配送中随意放置餐点，甚至消费者还没到就自己先走了。

对此，骑手必须端正自己的态度，一方面，消费者会对你的服务进行评价，如果你的服务态度不好，消费者就会给你差评；另一方面，消费者是你的衣食父母，作为一个服务者，就应该拿出服务应有的态度。

12.2.2　3种方法，多边形划定配送范围

外卖店铺打破了地理位置的限制，外卖送餐范围扩大到了半径5公里左右，满足了更多人的用餐需求。范围的大小决定了用户的数量，因此很多外卖商家产生了这样一个经营误区，认为配送范围越大生意就越好，因为可以辐射更多的用户群体。须不知这样做效果很容易适得其反，其优点和缺点如图12-18所示。

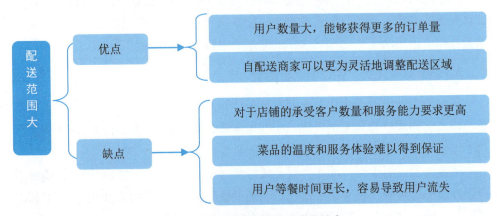

图12-18　配送范围大的优点和缺点

因此，配送范围并不是越大越好。外卖商家要根据自己的店铺现状，设置好正确的配送范围。由于专送的范围基本上是固定的，因此下面主要针对自配送商

家，介绍一些配送范围的优化策略。

商家在设置配送范围时，一定要有非常规则的区域划分，可以使用多边形原则来划定配送范围，提升配送效率，同时注意配送范围的各个连接点不能太混乱。多边形划定配送范围的方法如图 12-19 所示。

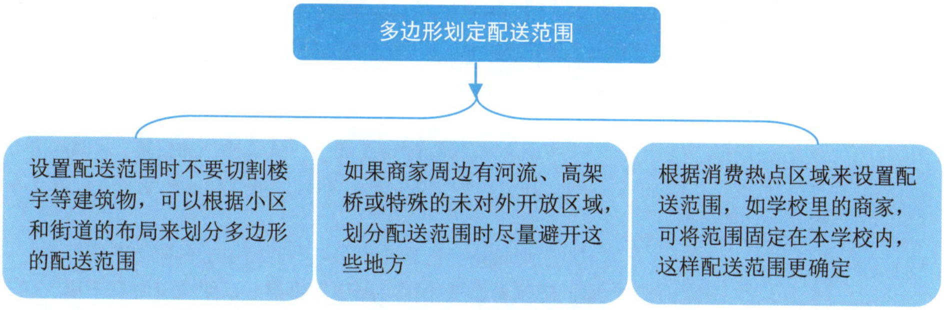

```
多边形划定配送范围
├── 设置配送范围时不要切割楼宇等建筑物，可以根据小区和街道的布局来划分多边形的配送范围
├── 如果商家周边有河流、高架桥或特殊的未对外开放区域，划分配送范围时尽量避开这些地方
└── 根据消费热点区域来设置配送范围，如学校里的商家，可将范围固定在本学校内，这样配送范围更确定
```

图 12-19　多边形划定配送范围的方法

12.2.3　3 个方面，提升自配送用户体验

与专送商家相比，自配送商家通常缺少配送经验，因此更需要做好用户体验。尤其是在点餐高峰期不能手忙脚乱，要给顾客带来更好的配送体验。下面以美团外卖为例，对比一下自配送和美团配送的主要区别。

表 12-2　自配送和专送的主要区别

配送类型	商家自配送	美团配送
配送范围	商家自由划定	美团统一设定
起送价格	商家自由设置	商家自由设置
配送费用	商家自由设置	美团统一设定
配送人员	商家自己管理骑手	美团统一管理骑手

从表 12-2 中可以看到，自配送商家能够自己控制配送范围、起送价格、配送费用和配送人员，因此他们对整个配送过程有很大的把控能力。下面就从 3 个方面来分析，自配送商家如何做好用户体验，如图 12-20 所示。

另外，自配送商家的骑手都是由商家自己管理，因此能够更好地促进骑手与用户之间的互动，可以及时发现问题并进行补救。同时，商家还需要加强骑手的沟通能力，让骑手鼓励用户给予好评，增强用户黏性。

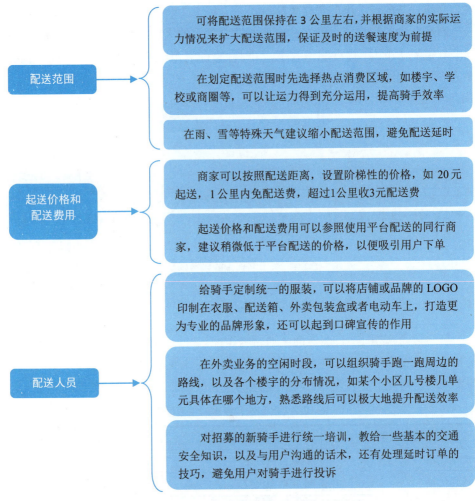

图 12-20 自配送商家做好用户体验的几个方面

> **专家提醒**
> 商家在选择自配送或者平台托管配送时,其主要原则首先是速度快,其次是成本低,哪个能满足这两个原则就选择哪种配送方式。大部分商家通常是根据配送距离的远近,选择自配送和众包结合的方式。

12.2.4 随时应变,解决自配送运力难题

对于自配送商家来说,如果遇到订单太多送不过来的情况,通常只能选择关闭外卖平台。但如果多招募送餐员,又无法控制人力成本,尤其是在订单较少或

者不稳定时人力成本会比较高。

由此可见，商家要想提升单量，运力是一个很大的制约因素。这里告诉大家一个小技巧，自配送商家在订单较多、运力不足时，可以选择美团外卖中的"跑腿"业务，临时解决高峰期的配送问题，同时还能帮助商家提升交易额上限。采用"自配送＋美团跑腿"这种配送方案有很多优势，如图12-21所示。

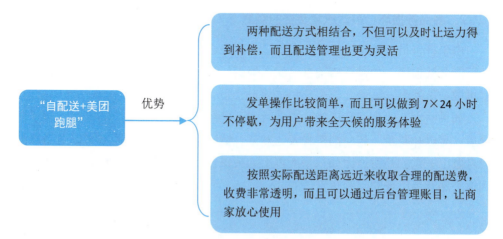

图12-21　"自配送＋美团跑腿"配送方案的优势

新订单来了后，商家可以在手机端点击"接单"按钮接收新订单，在"选择配送方式"中有两种方式可供选择，第一个是"自己送餐"，如果店面运力足够，则可以优先选择自配送；第二个是"发起配送"，可以使用美团跑腿帮助配送。如果订单比较急，商家还可以增加小费加快被抢单的速度。

12.2.5　两大问题，提升消费者的满意度

商家在经营过程中，必然会遇到一些配送问题。商家如果能够正确解决问题，不仅能够让配送更有效率地进行，还能提高消费者对配送服务的满意度。接下来，笔者就选取配送过程中可能出现的两个关键问题进行重点说明。

1．消费者催单：需要分情况进行回复

在大多数外卖平台中，商家接单之后，系统就会显示预计送达时间。当时间过了很久商家还没将外卖送出，或者时间快到了，骑手距离消费者还有一定距离时，消费者可能会进行催单。

对此，商家可以分情况进行回复。如果是外卖还没送出，可以先向消费者表

示歉意，并说明原因。然后，承诺对消费者做出一定的补偿，比如可以赠送一些菜品，或者协助消费者取消订单，并再次表示歉意。

如果是运送时间过长，骑手还未送达，商家可以先向消费者说明一下运送情况，并安抚好消费者的情绪，然后与骑手取得联系，提醒骑手尽快将餐点送到消费者手中。

2．餐品被损坏：表达愿意负责的意愿

由于打包员工作没做好，或者配送员在配送过程中出现剧烈摇晃、震荡，餐品可能会被损坏。如果是店铺自己配送外卖，时间又足够的话，可以重新为消费者再做一份外卖。

如果是由其他公司配送的，或者时间上已经来不及重做了，商家在了解了情况后，可以和骑手一起向消费者表达歉意。情况比较严重的，商家可以适当给消费者做出一定的补偿。比如，下次再次购买该餐品时给消费者免单，让消费者看到你是愿意为出现的问题负责任的。

12.3 配送服务优化：让用户更多地选择你

如今，在竞争激烈的外卖市场中，用户有着更多的选择，商家除了提升菜品来争夺用户外，还需要优化配送环节，为用户提供更好的服务。

在外卖产品从商家传递到用户的过程中，骑手成为连接彼此的重要桥梁，他们主要负责取餐和送餐的工作。其中，外卖的配送速度和其他服务，如包装破损、漏发餐具以及菜肴洒漏等，都会对用户体验的好坏产生直接影响，同时还会对用户评价产生影响。

12.3.1 个性化管理，为用户提供超值配送服务

互联网时代的消费者具有明显的个性化特征，因此不同用户对外卖的配送体验都不一样，具体表现在感知度和要求两方面。一些做得好的商家注意到了这个细节，他们会根据用户定位来设置不同的配送管理，大幅提升效率和体验。

例如，由于学生对于价格比较敏感，因此，学校周围的外卖品牌在配送费方面一般比较低，如果离得足够近，还可以考虑免除配送费，帮助学生用户节省费用，如图12-22所示。

另外，配送费也可以用来做营销活动，如"用户下单配送费立减N元"，注意减掉的配送费金额应小于或等于实际配送费金额，活动成本由商家自己承担。

例如，某外卖店的配送费设置为 6 元，可以设置"配送费立减 5 元"活动。

图 12-22　根据学生用户来设置费用较低的配送服务

12.3.2　优化出餐过程，大大缩短配送服务时长

在所有的外卖服务中，用户最大的痛点就是配送慢，不能及时吃到外卖。配送时长可以用一个简单的公式来表达，即配送时长＝商家出餐＋骑手配送。

在商家出餐的过程中，有很多可以进行优化的地方，如接单时长、备餐时间和打包时间，都可以大大缩短配送时长。

1．接单

很多商家由于手机端设备提醒声音小或手机静音，或者店铺堂食比较忙等原因，没有及时进行接单操作，此时可以采用自动接单的方式来提升效率。例如，美团外卖的手机端无法直接设置自动接单，但商家可以配置一台 GPRS 打印机或者 Wi-Fi 打印机来实现手机端的自动接单功能，如图 12-23 所示。

图 12-23　通过 GPRS 打印机实现自动接单

美团外卖的电脑端则可以在后台进入"店铺设置→系统设置→自动接单设置",开启"PC自动接单"功能即可。同时在后厨配备一台打印机,在接单的同时可以直接打出小票,以节省时间。

2. 备餐

有很多商家经常会碰到下面这些情况,相关问题及解决方法如图12-24所示。

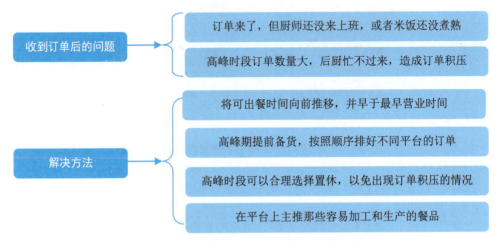

图 12-24 商家接单时经常会碰到的问题和解决方法

3. 打包

很多商家都是等骑手到店取餐时,才根据取餐号进行打包,严重影响骑手的出发时间。另外,还有一些商家则是将打包后的餐品全部堆放在一起,骑手需要从大量的餐品中找出要配送的订单,不但浪费时间,而且还容易拿错。

对此,商家需要做到出餐即打包,减少骑手的等待时间,同时还可以定制一些摆放餐品的架子,并按平台分类摆放,以及按订单号来排好顺序,方便骑手快速、准确地找到要配送的餐品。

12.3.3 搭配精致包装,提升用户体验与餐品格调

俗话说"好马配好鞍",好的美食也需要搭配精致的包装,外卖餐品的包装设计服务也是可以博得消费者好感的因素,不仅能提升用户体验,而且还可以显得餐品的格调更高。

外卖包装的基本保障是不变形、不外溢、不受污染,商家可以从包装的外观、质量和细节上给用户带来更好的体验,从而让用户产生认同感,带来口碑传播。

例如，快餐类外卖可以使用双层餐盒，其包装特点是带有凹凸设计方便用户拿取，而且多格内胆可以实现饭菜分离，不会导致菜品串味，如图12-25所示。

图 12-25　使用双层餐盒作为快餐类外卖包装

又如，沙拉寿司等外卖餐品可以选择健康环保、无异味的牛皮纸餐盒，可以防水防油，防止渗漏，能更好地盛放食物，如图12-26所示。

在选择外卖包装塑料袋时，尽可能使用牢固耐用、健康无异味、滴水不漏和承重力强的产品，同时可以使用大气有档次或者可爱的卡通外观设计，让用户保持好心情，如图12-27所示。

图 12-26　使用牛皮纸餐盒包装

图 12-27　外卖包装塑料袋

专家提醒

另外，在配送外卖的过程中，餐品通常都是放在电动车后面的外卖箱中，在骑手送餐时难免会产生碰撞。因此，商家必须将餐品包装得结实一些，确保里面的汤水、饮料和酱汁等液体不会洒漏。尤其在冬季比较寒冷时，最好选择有保温性能的外包装材料，以免餐品送到用户手上时变凉，影响用户的体验。

12.3.4 做好骑手管理，让外卖配送轻松实现共赢

商家在处理与骑手的关系时，应互相理解，往一个方向努力，才能实现共赢。当外卖订单量比较大时，可选择几个固定的骑手进行对接，其好处如图12-28所示。

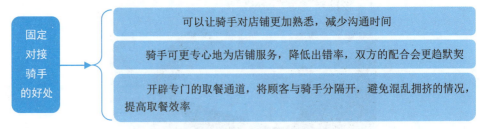

图 12-28　固定对接骑手的好处

另外，商家必须充分理解和尊重骑手，方便骑手其实就是方便自己，要与骑手做好配合，才能给用户带来更好的外卖用餐体验，如图12-29所示。

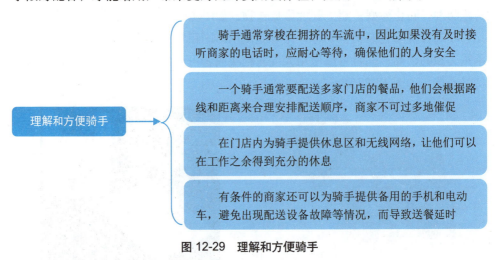

图 12-29　理解和方便骑手

12.4　配送的快与准：助力决胜于外卖4.0时代

在外卖4.0时代之前，提升配送效率最有效的方法就是招募优秀的配送员。到了外卖4.0时代，配送效率同样重要，商家需要和外卖平台以及骑手保持良好的关系，让外卖配送的及时性和准时性得到保障。

12.4.1　百度外卖：百度外卖骑士与智能物流调度系统

百度外卖从起步开始就着力于打造专职配送团队——百度外卖骑士，同时基

于自身的人工智能、地图和大数据等技术，建立了智能的物流调度系统，主要组成部分如图 12-30 所示。

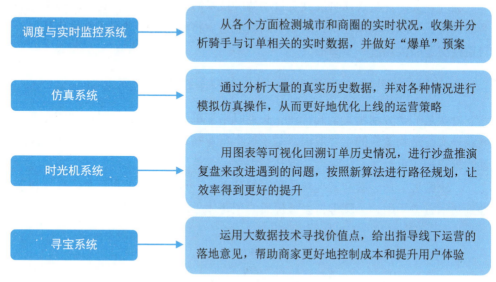

图 12-30　百度外卖的智能物流调度系统

智能物流调度系统对每一个骑手的运力、不同时间的路线规划、商家出餐速度以及餐厅的高低峰时间等，都进行了极为细致的智能规划。据悉，百度外卖物流配送体系成效已现，配送准时率达 98.78%，平均送达时长为 32 分钟。

12.4.2　饿了么："蜂鸟专送"与"方舟"调度系统

饿了么建立了"蜂鸟专送"，以及更加智能的"方舟"调度系统，提高外卖平台的物流运营效率，将每个订单分配给最合适的骑手，为每位骑手规划最佳路径，并精确地将外卖送到每位顾客手上。

12.4.3　美团外卖：可自行挑选的"三位一体"配送方案

美团外卖主要采用"三位一体"的配送方案，即美团专送、美团快送和美团众包，商家可以自行挑选配送物流。

目前，美团外卖的日单量已达 1800 万单，覆盖城市数量已达 1600 个，合作商家数量已达 200 万家，美团外卖的骑手数量达到 50 万。美团外卖为了更好地应对巨大的业务量，降低骑手的配送成本，针对外卖的配送业务，专门研发了"O2O 实时配送智能调度系统"。它就像配送员的"大脑"，依托配送大数据平台，采用精准画像建模，按照系统效率最高的方式分派和优化订单，提升外卖的配送效率，使单均配送时长降低至28分钟以内，超时率降低5%，配送成本降低20%以上。

另外，美团外卖还在研发具有自动驾驶技术的配送无人车，通过云端中枢的智能调度，可以在不同场景跨区域不间断配送，将配送空间进行了立体化延展，对道路交通的依赖进一步降低。

12.4.4 "快跑者"配送管理系统：专注解决同城配送

外卖是一个劳动密集型的行业，长期以来配单效率低下和路径规划不合理是导致外卖配送物流慢的主要原因。基于这个行业痛点，催生了很多本地化、区域性的外卖配送平台，"快跑者"就是其中之一。

"快跑者"是一套非常纯粹的配送管理系统，可以确保外卖订单安全、快速地到达消费者手中，为顾客带去最优质的消费体验，如图12-31所示。

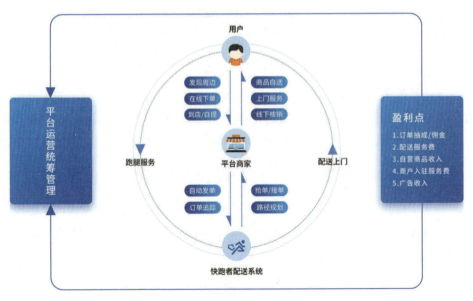

图12-31 "快跑者"配送管理系统

"快跑者"缩短外卖配送时间的主要方法如下。

- 合作商户可以通过自动或手动发单入群，也可以指派到人，实现智能发单，同时多方案自动计算出应付配送费。
- 配送员不但可以自由抢单，而且还会收到商家的指定派单，通过扫码收单和转单接力等形式进行配送，同时系统还会自动规划出最合理的路线。

"快跑者"通过将配送团队、商家、配送员和货品通过互联网无缝连接，节约了大量的录单、派单、抢单、接单、送单以及结算等繁杂操作中浪费的时间，从而大幅提升外卖配送效率。

12.4.5　"乐栈"&"格力"平台：基于物联网技术的智能配送柜

"乐栈"是一家互联网新锐O2O服务提供商，致力于为商务白领、社区家庭、医院以及学校等提供餐饮食品定制化服务。"乐栈"平台支持外卖、立买吃和周预定3种订餐模式，同时与"格力"合作推出智能配送柜产品，打通配餐"最后一公里"，如图12-32所示。

图12-32　智能配送柜产品

智能配送柜产品中包含许多小格子，可以智能设置0～60℃的调温环境，而且还具有消毒杀菌、逾期报警和多屏广告位展示等功能，可以放置在写字楼、企业、社区、书报亭以及其他场景中，支持现金、银行卡和在线支付等支付手段。

智能配送柜与"乐栈"的周预订订餐模式相结合，用户不用每天都重复点外卖的操作，而是可以直接预订一周的外卖，合作商户会每天按时将餐品送至智能配送柜，用户可自行领取，大大减少了等餐时间。